투자자와 함께 읽는
국제회계기준[IFRS]

IFRS

투자자와 함께 읽는

국제회계기준 [IFRS]

한국거래소 지음

IFRS

회계기준은 기업의 재무정보를 표현하는 언어체계입니다. 전 세계의 언어가 다양하듯 나라별로 독자적인 회계기준이 존재하고 있으며, 우리나라에도 한국기업회계기준(K-GAAP)이 있습니다.

그러나 비즈니스의 글로벌화와 금융시장의 경계가 사라지면서 국제 통용어로서 영어가 급부상했듯이 금융 · 자본시장을 효율적으로 활용하기 위해서는 회계도 공통의 언어가 필요하게 되었습니다.

이에 따라 기업회계의 국제 공용어로서 유럽을 중심으로 국제회계기준(IFRS)이 제정되었으며, 현재 OECD 대부분 국가에서 IFRS가 적용되고 있습니다. 우리나라도 2011년부터 국제회계기준을 도입하기로 결정하였으며, 국내 모든 상장법인은 의무적으로 한국채택국제회계기준(K-IFRS)을 적용하여 재무제표를 작성해야 합니다.

IFRS의 적용은 이를 작성하는 상장법인은 물론이고 일반 투자자들에게도 새로운 회계환경에 적응해야 하는 과제를 던지고 있습니다. 이는 새로운 언어로 의사소통을 하라는 것과 마찬가지입니다.

투자자는 기업의 재무제표를 올바르게 해석할 수 있어야 합리적인 기업가치를 평가할 수 있으므로 일반적인 회계지식 뿐만 아니라 K-IFRS에 대한 이해가 반드시 필요합니다. 반면 전문적 영역이라는 회계의 속성에 따라 투자자들이 K-IFRS를 제대로 이해하고 투자판단을 하기에는 적잖은 어려움이 있는 것이 현실입니다.

처음 영어공부를 할 때 쉬운 참고서로 공부를 시작하듯이 국제회계기준에 낯선 투자자들 역시 이해하기 쉬운 안내서가 필요합니다. 이에 한국거래소는 투자자들이 새로이 도입되는 회계제도를 바로 알고, 이를 바탕으로 올바른 투자로 이어질 수 있도록 『투자자와 함께 읽는 국제회계기준(IFRS)』이라는 책자를 발간하게 되었습니다.

이 책은 다른 IFRS 이론서와 차별되는 몇 가지 특징으로 회계에 대한 전문적인 지식이 깊지 않은 일반 투자자도 쉽게 국제회계기준(K-IFRS)에 접근할 수 있도록 집필되었습니다.

첫째, 평이한 용어를 통한 K-GAAP에 대한 설명과 함께 K-IFRS와의 차이점을 한눈에 알아볼 수 있도록 삽화 하나에도 세심한 정성을 들임으로써 독자들의 이해와 흥미를 높였습니다.

둘째, 연관된 실제 언론기사를 인용하여 게재함으로써 이 책에서 설명하고 있는 K-IFRS의 도입에 따른 영향에 대해 현실감을 더했습니다. 독자 여러분은 이 책에서 설명하는 내용과 언론의 분석을 비교·참고하면서 회계가 시장에 미치는 영향을 스스로 파악할 수 있는 능력을 배양할 수 있을 것입니다.

셋째, 책의 후반부에서 실제 K-IFRS에 의해 작성된 특정 상장법인의 실제 재무제표를 대상으로 이 책자에서 다룬 주요 내용을 종합하여 적용해 봄으로

써 구체성을 확보하였고, 단순한 이론서와의 차별성은 여기에서 비롯됩니다. 이를 통해 투자자는 회계에 대한 막연한 두려움에 벗어나 단기간 내에 새로운 회계기준의 특징을 쉽게 파악할 수 있을 것입니다.

　모쪼록 본 책자가 회계환경 변화에 따른 혼란을 최소화하고 기업의 재무정보를 효율적으로 이용함으로써 바람직한 투자문화를 정착하는 데 유익한 지침서가 되었으면 하는 바람입니다. 또한 K-IFRS의 성공적인 정착에 기여함으로써 우리나라 자본시장의 선진화에 조그마한 보탬이 되기를 기대합니다.

　감사합니다.

2011년 2월
한국거래소 유가증권시장본부장

IFRS

2011년부터 우리나라도 세계 비즈니스 공용어인 국제회계기준을 채택함으로써 한국거래소에 상장되어 있는 기업들과 금융기관들은 한국채택국제회계기준에 따라 재무제표를 작성, 공시하게 됩니다.

국제회계기준에 따라 작성된 재무제표는 우리나라 기업의 회계 투명성을 제고시켜서 그동안의 Korea Discount가 해소되는 전기를 마련하게 될 것입니다. 특히 무역과 금융 등 국제적으로 경제활동이 활발한 우리나라는 국제회계기준을 순조롭게 도입하여 기업의 수출과 해외시장에서의 자금조달 등에 더욱 유리한 환경이 조성될 것으로 기대됩니다.

또한, 국내외 투자자의 입장에서는 우리나라 기업이 공시하는 재무제표가 국제적으로 통일된 회계기준으로 작성되었기 때문에 재무제표의 국제적인 비교 가능성이 확보되었습니다. 따라서 국내외 투자자의 우리나라 자본시장에의 참여도가 한 단계 업그레이드 될 것으로 예상됩니다.

이 책은 일반 투자자를 위한 국제회계기준의 입문서로 작성되었습니다. 따라서 회계기준에 대한 지식이 없는 사람도 내용을 이해할 수 있도록 최대한 쉬운 표현으로 기술하였습니다.

이 책의 전반적인 주제이자 국제회계기준의 특징을 간단히 요약하면 다음과 같습니다.

첫째, 국제회계기준은 규정 중심이 아니라 원칙 중심입니다. 규정 중심은 경우의 수를 최대한 반영하여 회계기준을 제정하였기 때문에 규정이 원칙을 훼손하는 예도 종종 발생하였습니다. 그러나 원칙 중심의 회계기준은 원칙만을 제시하고 상세한 회계처리 안내가 제공되지 않기 때문에 회계담당자, 경영자 그리고 감사인에게 전문적인 지식과 합리적인 판단력을 요구하고 있습니다. 따라서 투자자도 기업의 재무제표가 원칙에 충실하게 작성되었는지를 주의 깊게 살펴보아야 할 것입니다.

IFRS

둘째, 종전의 개별재무제표 위주의 공시체제를 벗어나 연결재무제표 위주의 공시체제로 변경됩니다. 따라서 종속회사가 하나라도 있으면 연결재무제표를 작성함으로써 그 기업의 경제적 실체를 보여주어야 합니다. 지배를 받는 종속회사는 지배회사의 사업부의 하나로 보게 됩니다. 연결재무제표가 작성되면 투자자는 더욱 투명하게 기업의 경제적 실체를 보게 될 것입니다.

셋째, 재무제표가 종전의 과거가치 위주의 공시에서 공정가치, 즉 현재가치를 나타내는 재무제표로 변화할 것입니다. 투자자의 의사결정에 도움이 되는 정보는 과거가치가 아니라 현재가치라는 것은 두말할 나위가 없을 것입니다.

이 책의 구성은 1장에서 국제회계기준 도입에 따른 투자자 유의사항을 요약하였고, 2장에서는 국제회계기준을 소개하였으며, 3장에서는 국제회계기준의 특징을 살펴보았습니다. 그리고 4장에서 국제회계기준의 구체적인 회계기준 중 중요한 항목들을 종전의 기업회계기준과 비교하여 차이를 설명하였습니다. 마지막으로 5장에서는 국제회계기준을 조기 도입한 기업의 사례를 이용하

여 국제회계기준의 영향을 파악해 보았습니다.

아무쪼록 이 책이 미약하나마 일반 투자자들의 국제회계기준에 대한 이해에 도움이 되었으면 하는 바람입니다. 마지막으로 이 책이 나올 수 있도록 기회를 제공해주신 한국거래소 관계자분들과 삼일회계법인 홍사균 회계사님께 감사드립니다.

2011년 2월

대표 집필자 세명대학교 회계학과 교수 손 평 식

CONTENTS

Chapter 4

K-IFRS와 **기존 K-GAAP**는 구체적으로 어떻게 다를까?

Chapter 5

K-IFRS 조기 도입 기업의 재무제표 실전 분석

Chapter 1

K-IFRS 도입에 따라
투자자가 유의해야 할 점

1
Chapter

들어가며

'Chapter 1'에서는 K-IFRS 도입에 따라 일반 투자자가 유의해야 할 사항을 살펴보겠습니다. 투자자 유의사항을 K-IFRS의 특징을 중심으로 기술하다 보니 'Chapter 1'의 내용과 'Chapter 3(국제회계기준은 어떤 특징을 가지고 있을까?)'의 내용 중 일부분이 중복될 수도 있습니다. 굳이 구분하자면 'Chapter 3'이 국제회계기준의 특징을 설명하는 데 반해, 'Chapter 1'은 이러한 특징을 고려할 때 투자자가 유념해야 할 사항을 중심으로 기술되었다는 것입니다.

이러한 점을 고려할 때 독자들은 'Chapter 1'을 이 책의 도입부로 활용해도 좋지만, K-IFRS에 대한 기본적인 개념이 정립되지 않은 상태에서는 내용의 이해가 다소 어려울 수 있습니다. 따라서 K-IFRS의 주요 특징을 서술한 'Chapter 3~4'를 먼저 숙지하고 난 후, 핵심내용의 요약부분으로 이번 Chapter를 읽는 것도 좋은 방법이라고 생각됩니다.

Section

01 연결재무제표가 주 재무제표이지만 개별재무제표도 활용해야

2011년부터 우리나라의 모든 상장법인은 K-IFRS를 적용하여 재무제표를 작성하고 공시해야 합니다. K-IFRS의 가장 뚜렷한 특징 중 하나는 기존 K-GAAP에서 보조 재무제표로 인식되었던 연결재무제표가 주 재무제표가 된다는 것입니다. 이에 따라 투자자가 유의해야 할 사항을 알아보도록 하겠습니다.

K-IFRS의 특징을 먼저 이해하자!

K-IFRS(한국채택국제회계기준)의 도입으로 투자자가 유의해야 할 사항을 알기 위해서는 K-IFRS의 특징을 이해하는 것이 우선되어야 할 것입니다. 그렇다면 K-IFRS의 주요 특징에는 어떤 것이 있을까요? K-IFRS의 특징은 ① 연결 중심 공시체제로의 전환, ②자산과 부채의 공정가치 평가 확대, ③경제

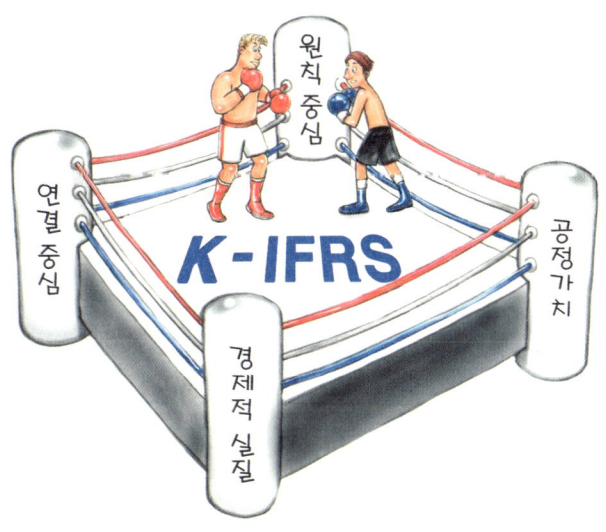

적 실질을 반영한 회계처리, ④원칙 중심의 회계기준 등 4가지로 요약할 수 있습니다.

용어가 낯설고 딱딱한 면이 있지만, 각각의 특징별로 투자자들이 유의해야 할 사항을 알아보도록 하겠습니다. K-IFRS의 주요 특징에 대한 구체적 내용은 'Chapter 3'에 상세히 기술되어 있습니다. 이번 'Section 1'에서는 우리나라의 회계기준이 K-IFRS 도입으로 ①연결 중심 공시체제로 전환함에 따라 투자자가 유의해야 할 점을 짚어보겠습니다.

> ◆ **한국채택국제회계기준: K-IFRS**(Korean International Financial Reporting Standards)
>   IFRS(국제회계기준)를 우리나라 실정에 맞도록 번호체계, 적용범위, 시행일, 경과규정 등 형식적인 사항을 조정한 것으로서 IFRS와 사실상 동일함
>
> ◆ **경제적 실질**
>   법적인 외형이나 형식에도 불구하고 경제적인 기준에서 볼 때 어떤 현상이나 활동의 본질
>
> ◆ **공정가치 평가**
>   자산과 부채의 가치를 평가시점의 시장가치로 평가하는 방법

연결재무제표가 갖는 한계점 극복은 개별재무제표 활용

이 책을 읽다 보면 연결재무제표, 개별재무제표, 별도재무제표라는 용어를 수시로 접하게 될 것입니다. 이러한 재무제표의 종류에 대한 개념은 'Chapter 3'의 'Section 1(연결 중심의 공시체제)'에서 상세히 설명하고 있습니다. 이번 'Section 1'을 이해하기 위해서는 다음과 같이 그 개념을 간략하게 정리하고 넘어가도 문제가 없을 것으로 판단됩니다.

　연결재무제표는 지배회사와 종속회사를 묶어서 하나의 회사로 보고 작성한 재무제표입니다. 이에 반해 개별재무제표는 지배회사든 종속회사든 각각 자기회사만의 재무제표라고 이해할 수 있습니다. 그렇다면 별도재무제표는 어떤 의미일까요? 별도재무제표는 지배회사가 작성하는 개별재무제표라고 이해할 수 있습니다. 연결재무제표를 작성하지 않는, 다시 말해 종속회사가 없는 기업의 재무제표는 단순히 개별재무제표로 지칭하는 데 반해 특별히 지배회사의 개별재무제표를 별도재무제표라고 이해하면 되겠습니다. 보다 정확한 개념은 'Chapter 3'을 참조하시기 바랍니다.

　K-IFRS의 가장 큰 특징 중 하나는 연결재무제표가 주 재무제표가 된다는 것입니다. 연결재무제표는 개별재무제표에 비하여 기업의 실체를 파악하는 데 여러 가지 장점을 가지고 있습니다. 그렇다면 K-IFRS를 도입하게 되면 연결재무제표만으로 어떤 기업의 실체를 낱낱이 파악하는 것이 가능할까요? 그렇지 않습니다. 연결재무제표가 주 재무제표가 되었지만, 투자자들은 당해 기업의 별도재무제표도 추가로 참고해야 합니다. 왜냐하면, 연결재무제표가 갖는 한계점 때문입니다.

○ **연결재무제표**(Consolidated Financial Statements)
지배회사와 종속회사를 하나의 회사로 간주함으로써 재무상태와 경영성과를 연결하여 나타내는 재무제표로서 지배회사가 작성함

○ **개별재무제표**
연결재무제표와 구별하기 위하여 사용되는 개념으로서 외감법상 명칭은 '재무제표'임. 종속회사가 없는 기업은 개별재무제표 작성 시 관계회사에 대한 투자자산을 지분법으로 평가함

○ **별도재무제표**(Separate Financial Statements)
지배회사의 개별재무제표로서 종속회사, 관계회사 및 공동지배회사에 대한 투자자산을 지분법으로 평가하지 않고 취득한 원가(원가법)나 평가시점의 시가(공정가치법)로 처리함

이러한 한계점 중 하나는 지배회사에 대한 정보가 연결재무제표에 묻히게 되어 투자자들이 투자의사결정을 내리기가 어려워질 수 있다는 점입니다. 예를 들어, 연결대상 기업 간에 사업범위가 서로 다를 경우, 이들을 연결한 연결재무제표의 재무정보는 그 의미를 찾아내기가 매우 어려울 수 있습니다.

예를 들어, 지배회사 'A'는 반도체 제조업을 영위하고 연결대상 기업은 증권회사, 부동산투자회사, 건설회사 등 다양한 경우를 가정합니다. 투자자들이 연결재무상태표 상의 재고자산 금액을 동종업계의 다른 반도체 제조기업 'B'의 재고자산 수준과 비교하는 것이 의미가 있을까요? 또는 올해에 재고자산이 증가하여 영업활동 현금흐름의 수치가 전년에 비해 크게 나빠졌을 때, 그 원인을 단순히 반도체 수요감소로 인한 'A'의 재고자산 증가라고 단정할 수 있을까요?

이러한 분석은 자칫 잘못된 투자판단을 유도할 위험이 있습니다. 왜냐하면, 'A'의 연결재무상태표 상 재고자산에는 지배회사 'A'의 재고자산(반도체)뿐 아니라 종속회사인 증권회사의 유가증권, 부동산투자회사의 토지, 건설회사의 건설 중인 아파트 등이 혼재되어 있을 것입니다. 따라서 이러한 경우에는 연결보고서의 주석사항과 함께 개별회사의 재무제표를 참고해야만 연결재무

제표에 나타난 재고자산 금액이 의미가 있을 것입니다.

종전 K-GAAP에서는 개별재무제표가 주 재무제표였으므로 'A'와 'B'의 재고자산은 순수하게 'A'와 'B' 자체의 재고자산(반도체)만 표시되기 때문에 이러한 혼란이 발생하지 않았습니다. K-IFRS에서는 주 재무제표인 연결재무제표를 통해 'A'와 실질적으로 경제적 단일체로 볼 수 있는 종속회사를 포함함으로써 투자자에게 'A'의 실질을 더욱 잘 나타내 주기도 하지만 지배회사 본연의 모습을 파악하는 측면에서는 이러한 맹점도 있음을 유념하시기 바랍니다.

> ◉ **한국기업회계기준: K-GAAP**(Generally Accepted Accounting Principles)
> 우리나라에서 일반적으로 공정 타당하다고 인정된 회계원칙으로서 기업이 회계처리 할 때 준수하여야 할 기준

연결재무제표를 이용할 때는 비지배지분을 감안해야

지배회사가 종속회사를 100% 소유하지 않을 경우에는 종속회사에 대하여 지배회사 이외에 다른 주주가 존재하게 됩니다. 이 상태에서 연결재무제표를 작성하게 되면 종속회사에 대한 비지배주주의 지분이 반영될 수밖에 없습니다. 예를 들어, 연결재무상태표에는 종속회사의 자산과 부채가 모두 포함되어 나타나는데, 이는 종속회사 비지배주주의 몫이 포함된 수치입니다. 따라서 연결재무상태표를 볼 때는 비지배지분을 고려하여 지배회사의 재무상태를 해석해야 합니다. 즉, 비지배지분이 지나치게 클 경우 연결재무제표는 지배회사 자체의 재무정보를 파악하는 데 커다란 한계가 있으므로 투자자들은 연결재무제표에서의 비지배지분의 비중을 감안하여야 합니다.

> **비지배지분**
> 연결재무제표에서 자기자본이나 당기순이익을 표시할 때 지배회사 외의 주주지분을 '비지배지분'으로 별도 표시함

예를 들어, 'A사'의 연결재무상태표가 다음과 같고 자기자본 중 비지배지분을 40이라고 가정하겠습니다.

〈연결재무상태표의 비지배지분〉

자산	180	부채	80
		자본	100
		(지배회사 소유지분)	(60)
		(비지배지분)	(40)

이 경우 연결재무상태표가 지배회사인 A의 실체를 보여준다고 말하기는 어려울 것입니다. 왜냐하면, 연결재무상태표에 표시된 순자산(자산−부채) 100 중 40은 A 이외의 주주가 가지고 있기 때문입니다. 물론 앞의 연결재무상태표는 A뿐 아니라 실질적으로 경제적 단일체인 그 종속회사까지 포함함으로써 개별재무제표보다 A의 실질을 더욱 잘 반영한 면이 분명히 있습니다. 그러나 비지배지분이 과다하여 오히려 A의 재무상태를 명확히 보여주지 못하는 단점을 가지고 있는 것도 사실입니다. 즉, 이 연결재무상태표의 60%만이 A의 재무상태를 설명할 수 있고 나머지 40%는 A 이외의 주주 몫을 설명하기 때문에 연결재무상태표만으로는 A의 실체를 파악하는 것이 A의 별도재무제표보다 오히려 어렵다고도 할 수 있습니다.

> **지배회사와 종속회사**
> 지배회사는 다른 회사(종속회사)의 재무정책과 영업정책을 결정할 수 있는 능력을 보유한 회사로서 연결재무제표 작성의 주체가 됨

연결재무제표를 이용할 때는 연결범위 변동을 우선 파악하자!

두 회계기간 간에 연결범위의 변동이 있을 때, 다시 말해서 연결하는 종속회사가 바뀐 경우, 연결재무제표의 수치를 단순히 비교하는 것은 바람직하지 않습니다. 너무나도 당연한 설명이지만 예를 들어 전년도와 비교하여 연결대상이 변동되었음에도 연결당기순이익을 그대로 비교하는 것은 의미가 없을 것입니다. 왜냐하면, 연결당기순이익에는 연결범위 변동으로 인한 효과가 포함되어 있을 것이기 때문입니다. 즉, 지배회사가 당기에 우량한 종속회사의 지분을 신규로 취득하여 연결대상에 포함했다면, 전기에 비해 연결당기순이익은 당연히 증가할 것입니다. 따라서 연결재무제표를 이용할 때는 무엇보다도 연결범위의 변동을 파악하는 것이 우선되어야 할 것입니다.

결국, 투자자들은 연결재무제표를 주 재무제표로 이용하지만, 그 한계점을 분명히 인식하고 이를 보완하기 위해 별도재무제표 등을 추가로 참고해야 할 것입니다.

K-GAAP와 K-IFRS에서 지배회사 개별재무제표는 다른 개념

기존 K-GAAP에서 지배회사의 개별재무제표는 지분법을 통해 종속회사나 관계회사의 실적이 반영되었습니다. 그러나 K-IFRS에서 지배회사의 개별재

무제표 형식인 별도재무제표에는 종속회사 등의 실적이 반영되지 않습니다. 왜냐하면 'Chapter 3'의 'Section 1(연결 중심의 공시체제)'에서 설명하겠지만, K-IFRS에서 지배회사의 별도재무제표는 종속회사 등에 투자한 주식을 원가법이나 공정가치법으로 평가하기 때문입니다.

> **● 지분법**
> 투자회사가 피투자회사의 주식을 취득한 시점에서는 취득한 가격(취득원가)으로 기록하고, 그 이후에는 손익, 배당 등에 의한 피투자회사의 순자산 변동에 따라 투자주식의 가액을 조정하는 방법
>
> **● 관계회사**
> 투자회사가 직접 또는 종속회사를 통하여 간접적으로 20% 이상의 지분을 보유하고 있는 경우 그 피투자회사. 다만, 종속회사는 관계회사에서 제외함

따라서 지배회사의 실적을 비교할 때에는 기존 K-GAAP에서의 개별재무제표와 K-IFRS에서의 별도재무제표를 단순 비교하는 것은 무리가 있습니다. 예를 들어 2010년에 K-IFRS를 도입한 (주)LG의 경우, 기존의 K-GAAP에 의해 작성된 개별재무제표의 2009년 당기순이익은 15,384억 원이지만 K-IFRS에 의해 작성된 별도재무제표의 당기순이익은 2,645억 원에 불과합니다. 이는 관계회사 등에 대한 투자주식 평가방법이 두 회계기준 간에 차이가 있어 발생한 결과입니다. 이 경우에는 주석을 통해 관계회사 등에 대한 지분법 평가내역 등을 참조해야 합니다.

'Chapter 1'의 도입부에서도 언급했듯이 K-IFRS에 대한 기본 개념이 정립되지 않은 독자들은 'Section 1'의 연결재무제표 내용을 이해하기가 다소 어려울 수 있을 것입니다. 이 경우에는 K-IFRS의 특징과 개념을 설명한 Chapter 3과 4를 먼저 읽고 나서 이번 'Section 1'을 살펴본다면 이해가 한결 쉬울 것입니다.

02 K-IFRS에서는
공정가치 평가가 확대된다던데……

K-IFRS에서는 자산과 부채의 평가에서 공정가치 평가를 원칙으로 함으로써 유·무형자산에도 공정가치 평가가 가능하게 되었습니다. 이러한 공정가치 평가 확대에 따라 투자자가 유의해야 할 사항을 살펴보도록 하겠습니다.

K-IFRS에서는 자산과 부채의 공정가치 평가가 확대된다

K-IFRS에서는 정보이용자에게 시의적절한 정보를 제공하기 위하여 원칙적으로 자산과 부채를 공정가치로 평가합니다. 여기에서 공정가치란 합리적인 판단력과 거래의사가 있는 독립된 거래자들 사이에서 공정한 거래를 통해 자산이 교환되거나 부채가 결제될 수 있는 금액을 의미합니다. 즉, 공정가치란 거래되는 자산과 부채의 실제 가치로 이해할 수 있습니다. 활발한 거래가 있는 시장에서 거래가격이 있다면 이러한 시장가격도 일종의 공정가치라고 할 수 있습니다. 이러한 거래시장이 없는 경우에는 합리적인 평가기법을 이용하여 적정한 공정가치를 추정할 수 있습니다.

K-IFRS에서 투자부동산을 평가할 때 재평가모형이 허용되고, 퇴직급여와 금융자산 등을 공정가치로 평가하는 것은 기존 K-GAAP에 비해 공정가치 평가를 확대하고 있는 K-IFRS의 특징을 보여주는 일례라고 할 수 있습니다.

공정가치 평가 확대로 유·무형자산의 장부가격이 상승할 수 있다

구체적으로 유·무형자산 및 투자부동산의 평가에서 기존 K-GAAP에서의 원가모형 이외에도 K-IFRS에서는 재평가모형이 허용됨을 주목할 필요가 있습니다. 물론 기존의 K-GAAP에서도 유형자산에 대해서는 2008년부터 재평가를 허용해오고 있습니다. 유·무형자산에 대해 재평가를 하게 되면 평가시점마다 자산의 가격이 달라지는데, 토지 등 유형자산의 가격은 시간이 흐름에 따라 상승하는 것이 일반적입니다. 즉, K-IFRS로 전환하면서 재평가모형을 채택하게 되면 유·무형자산이나 투자부동산의 장부가격이 크게 상승하며, 그 결과 평가차익이 발생하고 이는 당기손익 또는 자본의 변동성을 증가시킬 수 있습니다.

투자자들은 어떤 기업이 K-IFRS로 전환하면서 유·무형자산의 장부가격이 크게 상승하고 이 때문에 부채비율이나 이익지표가 갑자기 개선되었을 때, 그 원인이 새로운 자산을 취득한 결과인지 아니면 단순히 기존 자산의 재평가를 통해 장부상 가치가 상승함으로써 나타난 결과인지를 파악할 필요가 있습니다.

공정가치 평가 확대로 퇴직급여채무가 증가할 수 있다

또한, K-IFRS에서는 퇴직급여도 청산가치 개념이 아닌 예측급여채무의 개념을 채택하여 산정합니다. 이 부분에 대한 자세한 내용은 'Chapter 4'의 'Section 13(퇴직급여)'을 참조하시기 바랍니다. K-IFRS에서 퇴직급여채무를 예측급여채무의 개념으로 산정한다는 것은 종업원의 퇴직금을 공정가치에 근접하게끔 산출한다는 의미로 해석할 수 있습니다. 기존의 방법에 비해 예측급여채무의 개념으로 퇴직급여채무를 산정하게 되면 임금인상률과 할인율의 수준에 따라 부채인 퇴직급여채무와 당기순이익이 증가하거나 감소할 수 있습니다.

청산가치와 예측급여채무
청산가치는 기업 청산을 전제로 종업원의 퇴직급여를 산정하며, 예측급여채무는 실제 퇴직 가능성을 추정하여 퇴직금을 산정함

퇴직급여채무
종업원 퇴직 시에 회사가 지급해야 할 퇴직금 추정액으로서 재무상태표의 부채항목으로 표시함

기업별로 공정가치를 산출하기 위한 가정과 평가모형을 비교해 보자

어떤 자산과 부채에 대해 활성화된 시장이 존재하지 않을 때, 투자자들은 기업이 어떠한 가정과 평가모형에 따라 공정가치를 산출하였는지를 꼼꼼히 따져볼 필요가 있습니다. 또한, 각각의 기업이 공정가치 평가를 위해 채택한 가정 및 평가모형을 상호 비교해 보는 것도 잊지 말아야 하겠습니다. 왜냐하면, 객관적인 시장가격이 존재하지 않으면 기업은 합리적인 방법에 의해 공정가치를 산출해야 하는데, 기업별로 채택한 가정과 평가모형이 서로 다를 수 있기

때문입니다. 계정과목별 공정가치 평가와 그 영향에 대해서는 'Chapter 4'를 참조하시기 바랍니다.

결론적으로 투자자들은 K-IFRS에서의 공정가치 평가 확대가 특정 기업의 재무상태와 경영성과에 미치는 영향을 여러 가지 경로를 통해 점검해야 하겠습니다. 구체적으로는 최초로 K-IFRS를 적용하는 사업연도의 1년 전 사업보고서에 이러한 영향을 공시하도록 하고 있으므로 이를 이용할 수 있습니다. 또한, 감사보고서의 주석에도 이러한 회계기준 변경에 따른 계정과목별 영향을 공시하고 있으므로 그 내용을 꼼꼼히 챙겨야 하겠습니다.

Section

03 아무리 강조해도 지나치지 않은 주석

앞에서 살펴본 사항 이외에도 K-IFRS는 경제적 실질을 중요시하는 원칙 중
심의 회계기준이라는 큰 특징이 있습니다. K-IFRS에서는 이러한 특징 때문
에 기존 K-GAAP에 비해 주석의 중요성이 크게 주목받고 있습니다. 이와
관련하여 투자자가 유의해야 할 점을 알아보도록 하겠습니다.

K-IFRS는 회계처리의 기본원칙과 방법론만을 제시

기존 K-GAAP는 개별 사안에 대한 구체적인 회계처리 방법과 절차를 세밀
하게 규정하고 있습니다. 이에 반해 K-IFRS는 기업이 경제적 실질에 기초하
여 합리적으로 회계처리 할 수 있도록 회계처리의 기본원칙과 방법론만을 제
시하고 있습니다. 왜냐하면 IFRS(K-IFRS)는 전 세계 모든 나라에 공통으로
적용되는 회계기준으로서, 법률이나 기업환경이 각기 다른 수많은 국가에 적
용되기 위해서는 회계처리의 큰 원칙만을 제시할 수밖에 없기 때문입니다.

경제적 실질을 중요시하는 K-IFRS의 특징은 대표적으로 대손충당금 설정
과 상환주에 대한 회계처리에서 그 예를 볼 수 있습니다. 기존 K-GAAP는 법
률 및 정책적 목적에 따라 일부 항목에 대해 특정한 회계처리를 규제하거나 지
정하였습니다. 그중 하나가 대손충당금입니다. 예를 들어, 기존 K-GAAP에서
금융회사의 대손충당금은 감독 당국에서 보유자산의 자산건전성을 분류하여
규제하는 최소적립률에 의한 금액과 경험손실률에 의해 추정한 금액 중 큰 금
액으로 설정하도록 하였습니다. 그러나 K-IFRS에서는 거래의 실질에 맞는 회

계처리 방법을 채택하고 있습니다. 즉, 대손충당금은 객관적인 손상사유가 실제 발생한 때에만 발생손실 추정액으로 설정하도록 하고 있습니다.

◉ **대손충당금과 대손상각비**
매출채권 등 수취채권의 미래에 발생할 대손(貸損)에 대비하여 미리 설정하는 충당금으로서 당해 채권의 차감계정. 예를 들어 수취채권이 100일 때 충당금으로 20을 설정하면 재무상태표 상 채권가액은 80(100-20)으로 표시됨. 이후 실제 대손 발생시점에 기존에 쌓아놓은 충당금 중 발생금액만큼을 차감함

◉ **경험손실률**
과거 경험상 실제 대손이 발생한 비율

또한, 그동안 기존 K-GAAP에서는 상환우선주를 자본으로 분류하였으나, K-IFRS에서는 상환우선주의 경제적 실질을 고려하여 발행기업이 상환해야 하는 계약상 의무 등을 부담하는 경우에는 이를 부채로 분류합니다. 일반적으로 상환우선주 발행기업은 이러한 계약상 의무 등을 부담하므로 K-IFRS에서는 대부분 상환우선주가 부채로 분류될 것으로 예상됩니다.

◉ **우선주**
보통주에 대해 배당이나 잔여재산 분배 등에서 우선권을 갖는 주식

◉ **상환우선주**
주주에게 상환청구권(발행회사에 주식을 매각할 권리)이 부여된 우선주

경제적 실질을 반영한 회계처리, 대손충당금과 상환우선주를 주의!

경제적 실질을 반영한 회계처리 결과, K-IFRS에서는 실제 손상사유가 발생한 경우에만 대손충당금을 설정하므로 대손충당금 설정액이 기존 K-GAAP에 비해 적을 것으로 예상됩니다. 이 때문에 기존 K-GAAP에서 설정한 대손충당금과의 설정차액은 자본항목에 반영되어 K-IFRS로의 전환에 따라 자기자본과 당기순이익이 일시적으로 증가할 것으로 예상됩니다. 또한, 상환우선주가 부채로 분류됨으로써 자기자본이 감소하고 상환우선주에 대한 배당금이 차입금에 대한 금융비용으로 회계처리 됨으로써 당기순이익도 감소할 것으로 예상됩니다. 투자자들은 경제적 실질을 반영한 K-IFRS의 이러한 회계처리의 영향을 고려하여 재무제표를 이용하여야 할 것입니다.

주석, 아무리 강조해도 지나치지 않다

앞에서 살펴본 바와 같이 K-IFRS는 기존의 K-GAAP와 달리 원칙과 실질을 중시하는 회계기준이라는 점을 큰 특징으로 하고 있습니다. 원칙과 실질을 중시한다는 것은 상대적으로 회계처리 기준의 구체성과 통일성이 결여될 수 있음을 의미합니다. 왜냐하면, K-IFRS에서 세부적인 회계처리 기준을 상세하게 규정하고 있지 않기 때문입니다.

결국, K-IFRS는 원칙 중심의 회계기준으로서 경영진의 재량적 판단을 상당 부분 인정합니다. 따라서 재무제표에 표시된 금액은 경영진의 판단과 추정에 영향받을 수밖에 없습니다. 이러한 경영진의 판단과 추정의 근거에 대한 설명이 다름 아닌 주석에서 상세하게 제공됩니다. 또한, 주석에는 경영진이 선택한 회계정책뿐 아니라 재무제표의 계정과목에 대한 상세한 내용이 들어 있습니다. 한마디로 주석은 K-IFRS에서 정보의 보고(寶庫)라고 할 수 있습니다. 이러한 이유 때문에 K-IFRS에서는 주석의 중요성이 매우 크게 부각된다는 점을 반드시 기억해야 할 것입니다.

이는 2009년에 K-IFRS를 조기 도입한 기업들의 주석량이 기존 K-GAAP에 의해 작성된 재무제표의 주석량에 비해 약 두 배 가까이 증가한 것에서 미루어 짐작할 수 있습니다. 즉, 금융감독원이 2009년 12월에 발간한 『국제회계기준의 이해와 도입준비』에 따르면 2009년에 K-IFRS를 조기 도입한 11개사의 감사보고서 상 주석 분량은 평균 61쪽으로서, 기존 K-GAAP에 의해 작성된 감사보고서의 주석 분량인 21쪽에 비해 큰 폭으로 증가한 것을 알 수 있습니다.

IFRS 관련 신문기사 읽기

IFRS 도입돼도 대손충당금 그대로 쌓아야

내년부터 국제회계기준(IFRS)이 적용됨에 따라 모든 금융회사에 대손충당금 대신 '대손준비금' 제도가 도입된다. IFRS 적용으로 대손충당금 적립액이 줄어 금융회사의 재무안정성을 해치는 것을 막기 위해서다.

금융위원회 관계자는 9일 "대손충당금 적립기준이 느슨한 IFRS 도입으로 금융회사들이 대손충당금을 적게 쌓고, 이로 인해 손실흡수능력이 저하되는 문제를 해소하기 위해 대손준비금 제도를 전 금융권에 도입하기로 결정했다"고 설명했다. 이에 따라 금융위는 증권·선물회사가 IFRS에서 요구하는 대손충당금과 금융감독원의 엄격한 감독기준과의 차액을 대손준비금으로 쌓도록 하는 내용의 금융투자업 규정 개정안을 최근 입법예고했다. 또 지난 9월과 11월에는 각각 은행업 감독규정과 여신전문금융업 감독규정에 관련 내용을 반영했다. 보험업 규정도 조만간 변경 수순을 밟을 예정이다.

금융감독원 관계자는 "지금은 예상 손실을 추정해 대손충당금을 적립하는 방식이지만 IFRS에서는 발생한 손실에 대해서만 쌓도록 돼 있어 금융회사들의 재무 안정을 해칠 우려가 크다"며 "바뀐 규정에 따라 IFRS가 도입돼도 현행 수준의 충당금을 쌓아야 한다"고 설명했다.

금융위는 또 금융투자회사들이 발행하는 상환우선주가 일정 요건을 충족할 경우 영업용순자본비율(NCR) 산정 시 자본으로 인정해 주기로 했다. 현행 회계기준(K-GAAP)에서 자본으로 간주하는 상환우선주가 IFRS에서는 부채로 인식되기 때문에 발행사의 재무건전성이 악화되는 문제를 해소하기 위한 조치다.

(한국경제, 2010.12.9)

따라서 K-IFRS에서 주석을 제외한다면 K-IFRS 적용 재무제표를 이해하는데 한계를 가질 수밖에 없을 것입니다. 실제로 독자들이 이 책의 'Chapter 5'의 'Section 2[K-IFRS로의 전환에 따른 (주)케이티앤지 재무제표의 실제 분석]'를 보면 K-IFRS에서 주석을 참조하지 않고서는 재무제표를 이해하는 것이 현실적으로 어렵다는 것을 실감할 수 있을 것입니다.

최초 도입연도 직전 사업보고서를 통해 K-IFRS 도입 영향을 미리 파악

앞에서도 언급했듯이 12월 결산법인의 경우 2011년 사업보고서부터는 K-IFRS를 적용한 재무제표가 공시됩니다. K-IFRS를 일시에 도입하게 되면 회계처리 방식이 기존 K-GAAP와 달라 기존에 K-GAAP에 의해 작성된 사업연도 재무정보와의 분기별, 연도별 등 기간 간 비교가 어려워집니다.

따라서 우리나라에서는 K-IFRS 도입 이전에 새로운 회계기준의 도입에 따른 개별기업에 대한 영향을 도입 2년 전부터 미리 공시하도록 하고 있습니다. 즉, K-IFRS를 도입하는 회사는 도입 2년 전부터 사업보고서 'Ⅲ. 재무에 관한 사항' 및 재무제표 주석에 K-IFRS 도입에 따른 영향을 계속하여 기재하여야 합니다.

예를 들어 2011년에 최초로 K-IFRS를 도입하는 12월 결산 상장법인은 2009년 1분기 보고서부터 K-IFRS 도입에 따른 영향을 공시하여야 합니다. 특히 도입 직전인 2010년 사업보고서에 K-IFRS 도입과 관련하여 기재하여야 할 내용 중 중요한 사항은 다음과 같습니다. 즉, K-IFRS 도입에 따라 회사가 연결재무제표를 작성하는지 여부, 기존 K-GAAP에서의 연결범위와의 차이, K-IFRS 적용이 2010년 1월 1일과 2010년 12월 31일의 재무상태와 2010 사업연도의 경영성과에 미치는 계량정보 등이 포함되어야 합니다.

　독자들은 최초로 K-IFRS를 적용하는 기업의 경우 직전 사업연도의 사업보고서 등에 공시된 내용을 참조하여 새로운 회계기준 적용에 따른 영향을 미리 파악할 필요가 있습니다.

투자자와 함께 읽는
국제회계기준[IFRS]

국제회계기준(IFRS)이란 무엇인가?

Chapter

들어가며

2007년 3월, 우리나라는 회계기준의 세계적 단일화 추세 등에 발맞추어 2011년부터 상장법인에 국제회계기준을 의무적으로 적용토록 하는 '국제회계기준 도입 로드맵'을 발표한 바 있습니다. 이후 관계법령 등의 정비를 거쳐 2011년부터는 상장법인 재무정보 공시의 핵심인 사업·분기·반기보고서 등이 모두 국제회계기준에 맞추어 제출토록 의무화되었습니다. 이로 인해 상장법인뿐 아니라 일반 투자자 등 정보이용자의 국제회계기준에 대한 철저한 이해와 준비가 시급한 상황입니다.

그렇다면 우리나라는 지금까지 어떤 과정을 거쳐 국제회계기준을 도입하게 되었을까요? 'Chapter 2'에서는 국제회계기준의 탄생과 변천, 우리나라의 도입 필요성 및 도입배경 등에 대하여 알아보도록 하겠습니다.

01 국제회계기준(IFRS)의 탄생과 변천

국제회계기준(IFRS)이란 무엇일까요? 또 국가 간 회계기준을 단일체제로 통일하려는 배경은 무엇이며, 그동안 국제회계기준은 어떤 과정을 통해 누가 제정한 것일까요? 국제회계기준의 개념과 그 변천내용 등을 살펴보도록 하겠습니다.

Chapter

2

통일된 글로벌 비즈니스 언어에 대한 필요성이 제기되다

국제회계기준(IFRS, International Financial Reporting Standards)은 국제회계기준위원회(IASB, International Accounting Standards Board)가 제정한 국제적으로 통용되는 통일된 글로벌 회계기준을 말합니다.

그렇다면 이러한 통일된 글로벌 회계기준이 왜 필요하게 되었을까요? 회계는 국제적 비즈니스 언어로서 국가 간 무역 및 금융거래 등에 있어서 기본이 되는 요소입니다. 자본시장이 글로벌화됨에 따라 전 세계적으로 단일 기준으로 작성된 신뢰성 있는 재무정보에 대한 요구가 증대되고 있습니다. 모든 국가가 각각 자국의 회계기준으로 재무제표를 작성한다면 국가 간 비즈니스는 원활하게 수행되지 못할 것이며, 글로벌 투자자 입장에서 회계정보의 비교 가능성도 확보되기 어려울 것입니다. 그런 배경하에서 국제회계기준(IFRS)은 모든 국가가 공통으로 사용할 수 있는 단일 회계기준에 대한 필요성에 의해 제정되었습니다.

국제회계기준은 국제회계기준위원회(IASB)가 제정합니다. 국제회계기준위원회는 '국제적으로 통일된 고품질의 회계기준 제정'이라는 목표 아래 감독기구와는 독립적으로 운영되는 국제적인 회계제정기구입니다. 국제회계기준위원회는 1973년에 주요 선진국의 주도로 영국 런던에 설립되어 활동해왔습니다. 국제회계기준(IFRS)은 국제회계기준위원회가 제정한 기업회계기준서(IFRS 및 IAS) 및 기업회계기준해석서(IFRIC 및 SIC)를 통칭하는 용어입니다.

> **◉ 국제회계기준서와 국제회계기준해석서**
> 국제회계기준서가 주된 회계기준이며, 해석서는 기준서에 명시적인 언급이 없는 사항들에 대한 구체적인 지침서의 성격임

1973년, 국제회계기준위원회(IASC)의 탄생

국제회계기준의 제정을 위한 최초의 단체는 1966년에 미국, 영국, 캐나다의 회계전문가들이 설립한 AISG(Accounting International Study Group)입니다. 이는 초창기의 단체로서 1977년에 해체되었습니다. 이와 별도로 1973년에 국제회계사연맹(IFAC, International Federation of Accountants)에서 국제회계기준위원회(IASC, International Accounting Standards Committee)의 창립을 제안하여 미국, 영국, 캐나다 등 9개국이 참여한 국제회계기준위원회(IASC)가 영국 런던에서 탄생하였습니다.

1973년에 IASC가 설립되어 나름대로 국제회계기준에 대한 연구 및 회계기준서를 제정해왔지만 그다지 주목받는 단체는 아니었습니다. IASC가 주목받기 시작한 것은 1990년대에 급속한 세계화가 진행되면서부터입니다. 이후 2001년에 IASC가 IASB(International Accounting Standards Board)라는

이름으로 개명하여 현재에 이르고 있습니다.

1995년, 국제증권감독자기구(IOSCO)의 국제회계기준 채택

1995년 7월, 국제증권감독자기구(IOSCO: International Organization of Securities COmmissions)가 국제회계기준위원회(IASC)와 국제회계기준의 인정과 관련된 획기적인 협의를 하게 됩니다. 즉, 외국기업이 다른 나라의 증권시장에 상장할 때 국제회계기준을 사용하여 작성된 재무제표를 각국의 증권 당국이 인정해 주기로 합의한 것입니다. 이는 국제회계기준이 세계적으로 통용되는 계기가 되었습니다.

또한, 1980년대 후반에 사회주의의 붕괴 이후 동유럽 국가들이 자본주의를 받아들이면서 국제회계기준을 자국의 회계기준으로 채택한 예도 있습니다. 이와 더불어 그동안 세계 최고 수준으로 인정받아 왔던 미국의 회계기준(US GAAP)이 엔론사태 발생의 주요 원인 중 하나로 지목되면서, 규정주의인 미국 회계기준에서 원칙주의인 국제회계기준으로 회계기준의 중심축이 이동하게 되었습니다.

2005년에 처음으로 개별 국가 차원에서 국제회계기준 채택

2002년 EU(유럽연합, European Union) 집행위원회는 2005년부터 EU 상장법인(25개국, 약 7,000여 개 기업)의 연결재무제표에 국제회계기준의 적용을 의무화하였습니다. EU에서 사상 처음으로 국제회계기준의 적용을 강제함으로써 국제회계기준은 사실상 유일한 국제회계기준으로 통용되기 시작하였습니다. 이후 많은 나라가 국제회계기준을 도입하였고, 그동안 세계 최고 수준의 회계기준을 보유하고 있는 것으로 인정된 미국도 2014년부터 국제회계기준을 도입한다는 로드맵을 2008년에 발표하였습니다.

우리나라는 IMF 금융위기로 회계기준의 국제화 도모

우리나라는 1997년 12월에 시작된 IMF 금융위기를 겪으면서 IMF와 World Bank의 요구에 의해 국제회계기준이 도입되는 계기를 맞았습니다. 그러나 이 시기에 우리나라는 국제회계기준 자체를 그대로 도입(adoption)한 것이 아니고, 우리나라 실정에 맞게 일부 내용을 수정(adaption)하여 받아들였습니다. 따라서 우리나라는 국제회계기준을 채택한 나라로 인정받지 못했습니다.

결국, 2000년대 들어 세계 대부분 국가가 국제회계기준을 채택하기 시작하면서 우리나라도 2011년부터 상장법인과 금융기관에 국제회계기준을 적용한다는 내용의 도입 로드맵을 2007년 3월에 발표하게 된 것입니다.

우리나라에서는 한국채택국제회계기준(K-IFRS)이라는 이름으로

한국회계기준원에서 국제회계기준(IFRS)을 우리나라 실정에 맞도록 번호체계, 적용범위, 시행일, 경과규정 등 형식적인 조정을 거쳐 우리나라의 회계처리 기준으로 채택(adoption)하였습니다. 이로 인해 우리나라에서는 IFRS

엔론사태

신문기사 등에서 회계부정을 얘기할 때 빠지지 않고 등장하는 사례 중 하나가 엔론사태입니다. 1985년에 설립된 엔론은 천연가스 파이프라인회사에서 불과 15년 만에 세계 최대 에너지 기업으로 성장한 신화적인 기업입니다. 전자상거래, 철강, 목재 등 다양한 방면으로 사업을 확장하여 1990년대 미국 내 7위 규모의 초대형 회사로 급성장하였고, 세계에서 가장 존경받는 기업 25위에 오르는 등 당시 가장 혁신적인 기업경영의 모범 사례로 평가되었습니다.

그러나 미국 증권거래위원회(SEC)의 내부자거래 조사 등으로 2001년부터 4년간 약 15억 달러(약 1조 4천억 원)를 분식 회계한 사실이 발각되었고, 신용평가기관의 신용등급 하락 조치가 겹치면서 결국 파산신청을 하게 되었습니다.

엔론은 주가조작, 매출조작, 분식회계, 탈세를 비롯한 이해관계자 거래를 통해 회사의 손실을 은폐하였으며, 특히 실질적으로 지배하였던 여러 종속회사에 자사의 부채를 떠넘긴 후 연결재무제표에서 제외하는 방법으로 거짓으로 건실한 재무상태의 외관을 만들어 냈습니다. 또한, 파산 신청을 하기 직전 당시 회장을 비롯한 일부 고위 경영진들은 자신의 주식을 매각하는 등 회사 내부정보를 이용한 부당행위를 하기도 하였습니다.

한편, 엔론의 외부감사 회계법인이었던 세계 굴지의 회계법인 아더 앤더슨은 회계부정을 묵인, 조장하였다는 의혹을 받고 결국 문을 닫기에 이르렀습니다. 엔론사태는 이후 분식회계를 통한 기업사기와 부패의 대명사가 되었고, 미국은 이 사건을 계기로 기업지배구조와 내부통제에 대한 감독을 한층 더 강화하게 되었습니다.

Chapter

2

를 '한국채택국제회계기준(K-IFRS)'으로 표기하게 되었는데, 이는 우리나라가 IFRS를 공식적인 절차에 따라 본연의 취지 그대로 도입한다는 의미입니다.

IFRS와 K-IFRS의 내용은 같다고 할 수 있습니다. 즉, 각 기준서에서는 해당 K-IFRS를 준수하면 대응되는 IFRS를 준수하는 것이라고 명시하고 있습니다. 또한, 기준서 제1001호(재무제표 표시)에서는 "K-IFRS를 준수하여 작성된 재무제표는 IFRS를 준수하여 작성된 재무제표임을 주석으로 공시할 수 있다"라고 명시하고 있습니다.

2010년 말 현재 우리나라가 채택한 국제회계기준서

국제회계기준위원회(IASB)에서 제정한 국제회계기준은 앞의 표와 같습니다. 우리나라가 2010년 말 현재 채택한 국제회계기준은 37개의 국제회계기준서와 26개의 국제회계기준해석서로 구성되어 있습니다. 국제회계기준서가 주된 회계기준이라고 하면 국제회계기준해석서는 부 회계기준으로서 국제회계기준서를 보완하는 역할을 하는 것으로 이해할 수 있습니다.

2011년, 국제회계기준 채택 국가는 약 150여 개국에 달할 전망

국제회계기준은 현재 전 세계 117여 개 나라가 도입했거나 도입할 예정이며, OECD 가입국의 80%가 국제회계기준을 도입하였습니다. 우리나라가 국제회계기준을 도입하는 2011년에는 국제회계기준 도입국가가 150여 개 나라에 이를 전망입니다. 미국과 일본은 각각 2014년, 2015년에 국제회계기준을 도입할 예정입니다.

IFRS 관련 신문기사 읽기

〈회계빅뱅 IFRS 시대를 연다〉
EU 도입 연착륙…… 中·加 등 급속 확산

자본시장의 국제화에 맞춰 세계적으로 회계 국경이 무너지고 있다. 유럽연합 (EU)에서 싹튼 국제회계기준(IFRS)이 미국 금융위기를 계기로 급속히 확산되고 있기 때문이다. 특히 내년엔 우리나라를 비롯, 캐나다·인도 등의 합류로 IFRS 도입국이 150여 개국에 달할 전망이다.

IFRS의 발원지인 EU에선 지난 2005년부터 금융시장 통합 작업의 일환으로 역내 모든 상장기업이 IFRS를 채택하고 있다. EU는 IFRS의 조기 정착을 위한 사전 작업에 철저했다. 관련 당국은 IFRS 도입 2년 전부터 3단계에 걸쳐 기업들의 IFRS 준비계획, 회계정책 차이, 재무적 영향 등을 공시토록 했다. 도입 이후엔 일관된 회계기준 집행으로 혼선을 최소화했다. 그 결과 EU에서 IFRS는 연착륙했다는 평가를 받고 있다.

다국적 컨설팅사 이눔(Ineum)의 분석 보고서에 따르면, IFRS 도입으로 EU 주요 기업들의 재무 보고의 질이 향상되고, 회원국 간 재무정보를 쉽게 비교할 수 있게 됐다. 아울러 EU 기업들은 IFRS 도입 후 해외투자 및 해외 애널리스트들의 분석이 증가한 것으로 나타났다.

IFRS의 이 같은 긍정적인 효과가 부각되면서 IFRS를 도입하는 방향으로 세계적인 공감대가 형성되고 있다. 특히 월가의 도덕적 해이가 빚은 미 금융위기는 국제적으로 질 높은 회계정보의 필요성을 높였고, 이는 IFRS의 약진을 가져왔다. 국가별로 IFRS의 추진속도 및 적용범위는 제각각이지만, IFRS는 이미 대세로 자리 잡은 지 오래다.

(헤럴드경제뉴스, 2010.8.9)

〈우리나라가 채택한 국제회계기준의 구성체계〉

국제회계기준서	국제회계기준해석서	
– 재무제표의 작성과 표시를 위한 개념체계	제2010호	정부지원 : 영업활동과 특정한 관련이 없는 경우
제1001호　재무제표 표시	제2012호	연결 : 특수목적기업
제1002호　재고자산	제2013호	공동지배회사 : 참여자의 비화폐성 출자
제1007호　현금흐름표	제2015호	운용리스 : 인센티브
제1008호　회계정책, 회계추정의 변경 및 오류	제2021호	법인세 : 재평가된 비상각자산의 회수
제1010호　보고기간후 사건	제2025호	법인세 : 기업이나 주주의 납세지위 변동
제1011호　건설계약	제2027호	법적 형식상의 리스를 포함하는 거래의 실질에 대한 평가
제1012호　법인세	제2029호	민간투자사업의 공시
제1016호　유형자산	제2031호	수익 : 광고용역의 교환거래
제1017호　리스	제2032호	무형자산 : 웹사이트 원가
제1018호　수익	제2101호	사후처리 및 복구관련 충당부채의 변경
제1019호　종업원급여	제2102호	조합원 지분과 유사지분
제1020호　정부보조금의 회계처리와 정부지원의 공시	제2104호	약정에 리스가 포함되어 있는지의 결정
제1021호　환율변동효과	제2105호	사후처리, 복구 및 환경정화를 위한 기금의 지분에 대한 권리
제1023호　차입원가	제2106호	특정시장 참여에 따라 발생하는 부채 : 폐전기, 전자제품
제1024호　특수관계자 공시		
제1026호　퇴직급여제도에 의한 회계처리와 보고	제2107호	기업회계기준서 제1029호 '초인플레이션 경제에서의 재무보고'에 따른 재작성 방법용
제1027호　연결재무제표와 별도재무제표		
제1028호　관계회사 투자	제2109호	내재파생상품의 재검토
제1029호　초인플레이션 경제에서의 재무보고	제2110호	중간재무보고와 손상
제1031호　조인트벤처 투자지분	제2112호	민간투자사업
제1032호　금융상품 : 표시	제2113호	고객충성제도
제1033호　주당이익	제2114호	기업회계기준서 제1019호 : 확정급여자산한도, 최소적립요건 및 그 상호작용
제1034호　중간재무보고		
제1036호　자산손상	제2115호	부동산 건설약정
제1037호　충당부채, 우발부채 및 우발자산	제2116호	해외사업장 순투자의 위험회피
제1038호　무형자산	제2117호	소유주에 대한 비현금자산의 분배
제1039호　금융상품 : 인식과 측정	제2118호	고객으로부터의 자산이전
제1040호　투자부동산	제2119호	지분상품에 의한 금융부채 상환
제1041호　농림어업		
제1101호　한국채택국제회계기준의 최초 채택		
제1102호　주식기준보상		
제1103호　사업결합		
제1104호　보험계약		
제1105호　매각예정비유동자산과 중단영업		
제1106호　광물자원의 탐사와 평가		
제1107호　금융상품 : 공시		
제1108호　영업부문		
제1109호　금융상품(미공표)		

* 출처: 한국회계기준원(http://www.kasb.or.kr)

국제회계기준을 도입해야 하는 이유

우리나라는 전 세계적인 회계기준의 단일화 추세에 부응하고, 회계 투명성에 대한 신뢰도를 제고하며, 글로벌 기업들의 회계장부 이중 작성 부담 경감 등을 위해 국제회계기준을 도입하기로 하였습니다. 'Section 2'에서는 이러한 국제회계기준의 도입 필요성에 대해 살펴보도록 하겠습니다.

전 세계적인 회계기준 단일화 추세

자본시장이 글로벌화됨에 따라 국제적으로 통일된 회계처리 기준에 대한 요구가 과거 어느 때보다 크게 증가하였습니다. 우리나라가 국제회계기준 도입 로드맵을 발표한 2007년 3월 당시에는 이미 EU, 호주, 캐나다 등 100여 개국이 국제회계기준을 자국의 회계기준으로 수용 또는 수용할 예정임을 표명하였습니다. 우리나라도 이러한 세계적 회계기준 단일화 추세에 적극적으로 대응할 필요성에 따라 이를 도입하기로 하였습니다.

회계정보의 신뢰성 제고

IMF 외환위기 이후 정부는 회계분식과 관련한 집단소송제도의 도입, 동일 회계법인의 연속된 감사수임을 제한하는 감사인 의무교체제도의 도입, 내부회계관리제도의 도입 등을 통하여 회계의 선진화를 추진해오고 있습니다. 그러나 대외적으로는 국제회계기준 미사용국으로 분류됨에 따라 해외자본시장에서 우리나라 기업이 작성한 재무제표가 신뢰받지 못하는 상황이 발생하였습니다.

우리나라 기업회계기준(기존 K-GAAP)에 의해 작성된 국내 기업의 재무제표가 해외시장에서 신뢰성을 확보하지 못함에 따라, 해외 자본시장에서의 자금조달비용이 상승하고, 우리나라 기업의 가치가 저평가되는 코리아 디스카운트(Korea Discount) 현상이 지속되었습니다. 이에 회계기준을 국제적 수준으로 개선함으로써 우리나라 기업이 저평가되는 현상을 해소할 필요가 제기되었습니다.

해외시장에서의 재무제표 재작성 불필요

우리나라의 기업회계기준(기존 K-GAAP)에 따라 작성된 재무제표는 해외에서 인정받지 못하고 있습니다. 왜냐하면, 우리나라의 기업회계기준(기존 K-GAAP)이 국제적으로 통용되고 인정받을만한 국제적 정합성을 갖추고 있지 못하기 때문입니다.

따라서 우리나라 기업이 해외증시에 상장하거나 자금을 조달하기 위해서는 우리나라의 기업회계기준(기존 K-GAAP)이 아닌 국제회계기준(IFRS)이나 미국의 회계기준(US GAAP) 등 국제적 정합성을 갖춘 회계기준에 따라 재무제표를 재작성해야 하는 부담이 발생합니다. 재무제표를 재작성하기 위해서는 비용과 시간이 많이 소요됩니다. 우리나라가 국제회계기준을 도입하게 되면 이는 국제적 정합성을 갖춘 회계기준에 의해 작성된 재무제표로서 해외시장에서 재무제표를 재작성해야 하는 부담이 사라지게 됩니다.

〈우리나라 기업의 해외증시 상장현황〉

(2009년 12월 현재)

시 장		기 업
미국	NYSE(8)	포스코, KB금융지주, 신한금융지주, KT, SK텔레콤, 우리금융지주, LG필립스엘시디, 한국전력
	NASDAQ(2)	그라비티, 픽셀플러스
영국	런던(11)	금호타이어, 롯데쇼핑, 삼성물산, 삼성전자, 하나투어, 현대자동차, LG화학, LG전자, 대신증권, 태웅, 맥쿼리한국인프라투융자회사
룩셈부르크	룩셈부르크(10)	기아자동차, 현대자동차, 현대제철, 대우조선해양, 케이티앤지, 케이씨씨, LG전자, 하이닉스반도체, 중소기업은행, 삼성SDI

* 출처: 한국예탁결제원(http://www.ksd.or.kr)
** 원주를 제외한 DR(Depository Receipts)의 상장현황임

미국은 IFRS를 적용하여 재무제표를 작성한 외국기업이 미국 자본시장에서 재무정보를 공시할 때 미국 회계기준과의 차이를 조정해야 하는 의무사항을 2007년 11월 이후 제출분부터 폐지하였습니다. EU도 2009년부터 EU 내 증권시장에 상장되어 있는 외국기업이 재무제표를 작성할 때, 국제회계기준에 따라 재무제표를 작성하게 함으로써 외국기업의 EU 내 증권시장에서의 자금조달 비용을 절감할 수 있도록 하였습니다.

우리나라 기업의 기업가치 제고

IFRS 도입으로 우리나라 기업의 재무제표에 대한 국제적 비교 가능성이 증대됨에 따라 우리 자본시장으로 외국인 투자자의 자금유입이 확대될 전망입니다. 또한, 국제회계기준을 사용하는 우리나라 기업에 대한 국제신용평가기관의 신용등급 상향의 기회도 확대될 것으로 예상됩니다. 이와 더불어 그동안 저평가되었던 우리나라 기업의 주가, 즉 기업가치가 제값을 받는 계기가 될 것

으로 기대됩니다. 또한, 연결재무제표가 주 재무제표가 됨에 따라 지배회사의 종속회사에 대한 관리가 매우 중요한 사안이 될 것입니다. 전략적으로 우량한 종속회사로 구성된 지배·종속관계를 구축함으로써 기업가치를 제고할 수 있는 기회가 될 것으로 기대됩니다.

03 우리나라가 국제회계기준을 도입하기까지

우리나라는 IMF 금융위기 이후 기업회계기준(기존 K-GAAP)을 국제회계기준(IFRS) 수준에 근접하도록 개선하였습니다. 이후 2007년 3월에 '국제회계기준 도입 로드맵'을 발표함으로써 2011년부터는 모든 상장법인과 금융기관이 의무적으로 국제회계기준을 적용하도록 하고 있습니다. 우리나라가 국제회계기준을 도입하게 된 배경과 '도입 로드맵'의 주요 내용에 대하여 알아보도록 하겠습니다.

IMF 외환위기는 우리나라의 국제회계기준 도입 계기

IMF 외환위기 직후 우리 정부와 세계은행(World Bank) 간의 합의에 따라 우리나라 자본시장의 선진화 작업이 수행되었습니다. 그중 하나가 독립된 민간 회계기준 제정기구의 설립이었습니다. 이에 따라 1999년 9월에 한국회계기준원이 설립되었고, 그때까지 회계기준의 제정 및 개정업무를 담당하던 금융위원회는 민간기구인 한국회계기준원에 회계기준의 제·개정업무를 위탁하기에 이르렀습니다.

IMF와 세계은행은 한국이 국제회계기준을 도입하도록 권고하였으며, 이에 한국회계기준원 설립 이후 우리나라의 기업회계기준(기존 K-GAAP)은 국제회계기준(IFRS)을 반영하여 대폭 수정되었습니다. 회계전문가들은 2007년 3월 국제회계기준 로드맵 발표시점에 우리나라의 기업회계기준(기존 K-GAAP)이 이미 국제회계기준(IFRS)과 90% 이상 일치하는 것으로 평가하였습니다.

국제회계기준과 완전히 일치해야 국제회계기준으로 인정

우리나라가 IMF사태 이후 수정한 기업회계기준은 국제회계기준과 90% 이상 동일하고 나머지 10% 정도만 상이한 기준이었습니다. 이러한 경우, 과연 우리나라의 회계기준이 국제회계기준으로 인정받을 수 있을까요?

아쉽게도 자국의 회계기준이 국제회계기준과 완전히 일치하지 않으면 국제회계기준으로 인정받을 수 없습니다. 우리나라는 국제회계기준을 전적으로 수용(adoption)하지 않고 일부 내용 및 기준을 국내 현실에 맞게 수정(adaption)하여 반영했습니다. 이 중 공정가치 평가를 일부 계정과목에만 도입하고, 연결재무제표가 아닌 개별재무제표를 주 재무제표로 사용한 점, 그리고 재무제표에 정해진 표준양식을 사용한 점 등이 국제회계기준과의 주요 차이점으로 지적되어 국제회계기준 사용국으로 인정받지 못하였습니다. 결국, 2007년 3월에 우리나라는 국제회계기준을 전적으로 도입하기 위해 전 세계에 국제회계기준 도입 로드맵을 발표하기에 이르렀습니다.

〈IFRS 도입 로드맵의 주요 내용〉

구 분	주요 내용		
1. 사업보고서 적용대상 및 수용시기	− 원칙적으로 적용대상을 상장법인으로 하고, 수용시기는 2009년부터 선택적용을 허용하되 2011년에는 전면 적용 * 선택적용(2009년) : 희망기업(금융회사 제외) * 의무적용(2011년) : 모든 상장법인, 금융기관		
2. 분 · 반기 연결보고서 작성시기		적용시기	분 · 반기 연결보고서
	1단계	2009년	국제회계기준 적용 희망기업
	2단계	2011년	자산 2조 원 이상
	3단계	2013년	모든 상장법인
3. 연결범위	− 지배회사의 연결재무제표에 포함되는 종속회사의 범위를 국제회계기준과 일치시킴		
4. 비재무적 사항 연결공시	− 지배회사는 종속회사의 주요 경영사항 및 합병, 영업양수도 등 중요한 공시사항에 대하여 포괄하여 공시		

* 국제회계기준의 이해와 도입준비(금융감독원 회계제도실, 2009. 12) 참조

국제회계기준은
어떤 **특징**을 가지고 있을까?

3

Chapter

들어가며

이제 본격적으로 국제회계기준의 내용과 그 특징을 알아보겠습니다. 우리나라가 채택한 국제회계기준(K-IFRS)과 기존의 우리나라 기업회계기준(K-GAAP)과의 구체적인 차이점은 뒤의 'Chapter 4'에서 주요 계정과목별로 다루겠습니다. 이번 'Chapter 3'에서는 국제회계기준의 주요 특징을 살펴보도록 하겠습니다.

국제회계기준의 주요 특징은 크게 ①연결 중심 공시체제로의 전환, ②자산과 부채의 공정가치 평가 확대, ③경제적 실질을 반영한 회계처리, ④원칙 중심의 회계기준 등으로 요약할 수 있습니다.

Section

01 연결 중심의 공시체제

기존의 K-GAAP와 비교하여 국제회계기준(IFRS)의 가장 큰 특징을 한 가지만 고르라고 한다면, 아마도 '연결 중심의 공시체제'를 들 수 있을 것입니다. 연결 중심 공시체제의 의미와 그 영향을 살펴보도록 하겠습니다.

연결재무제표, 개별재무제표, 별도재무제표

기존 K-GAAP에서는 개별재무제표와 연결재무제표라는 용어가 사용되었습니다. 그런데 K-IFRS에서는 이에 더하여 별도재무제표라는 용어가 등장합니다. K-IFRS를 다루고 있는 책자나 기사 내용을 이해하기 위해서는 이러한 용어에 대한 정확한 개념을 정립하는 것이 필요합니다. 실제로 K-IFRS(기준서 1027호)에는 개별재무제표라는 용어에 대한 설명이 없으며, 연결재무제표와 별도재무제표만을 설명하고 있을 뿐입니다.

우선 연결재무제표(Consolidated Financial Statements)란 지배회사와 종속회사를 하나의 회사로 간주하여 작성된 재무제표를 말합니다. 좀 더 쉽게 설명하자면, 종속회사를 지배회사의 하나의 사업부나 지점으로 보고 이들 둘 이상 회사의 재무제표를 합산하여 한 회사의 재무제표로 작성한 것입니다.

이러한 연결재무제표와 구별하기 위해 편의상 사용되는 개념이 개별재무제표입니다. 그러니까 개별재무제표는 연결하지 않은 재무제표인 셈입니다. '주

식회사의외부감사에관한법률'이나 K-IFRS 어디에도 개별재무제표라는 용어의 정의는 없으며 법령상 용어는 '재무제표'입니다. 그렇다면 개별재무제표는 누가 작성할까요? K-IFRS에서는 종속회사가 있는 지배회사의 경우 연결재무제표뿐 아니라 지배회사 자체의 개별재무제표도 작성하도록 하고 있습니다. 또한, 애초에 종속회사가 없는 등의 이유로 연결재무제표를 작성하지 않는 개별회사는 자체의 (개별)재무제표를 작성해야 합니다.

그런데 똑같은 개별재무제표라고 해도 지배회사가 작성하는 개별재무제표와 종속회사가 없는 개별회사의 개별재무제표 사이에는 큰 차이점이 있습니다. 즉, K-IFRS에서는 지배회사가 작성하는 개별재무제표를 특별히 별도재무제표(Separate Financial Statements) 방식으로 작성하도록 하고 있습니다. 별도재무제표 방식이란 지배회사가 종속회사나 관계회사의 지분을 표시할 때 지분법이 아닌 원가법이나 공정가치로 평가하는 방법을 의미합니다. 따라서 이러한 방식으로 작성된 지배회사의 개별재무제표를 별도재무제표라고 부르는 것입니다. 반면에 애초부터 연결재무제표를 작성하지 않는 회사의 개별재무제표는 기존 K-GAAP에서와 마찬가지로 관계회사의 지분을 지분법을 적용하여 표시합니다.

결국, 연결재무제표의 작성 여부에 따라 개별재무제표의 작성방식이 달라지며, 여기에서 별도재무제표의 개념이 나온다고 이해하면 되겠습니다.

연결재무제표가 주 재무제표가 되며, 이는 기업을 나타내는 얼굴

기존 K-GAAP에서는 개별재무제표가 기업의 주 재무제표였으나 K-IFRS에서는 연결재무제표가 주 재무제표가 됩니다. 물론 연결재무제표가 주 재무제표가 되더라도 개별재무제표에 대한 회계감사 및 그 감사보고서의 공시의무는 그대로 유지됩니다. 그렇다면 연결재무제표가 기업의 주 재무제표가 된다는 말은 무슨 의미일까요?

우선은 지금까지 투자자들이 투자의사결정을 내릴 때 참조하였던 PER, ROE, 부채비율, 매출액성장률 등 다양한 투자지표는 개별재무제표가 아닌 연결재무제표를 기준으로 산출되고 이용될 것입니다. 또한, 신용평가회사가 어떤 기업의 회사채 신용등급을 산정할 때에도 지금까지는 그 기업의 개별재무제표를 기준으로 산정하였지만, 연결재무제표가 주 재무제표가 되면 연결재무제표를 기준으로 신용등급을 산정한다는 의미입니다. 예를 들어 삼성전자 회사채의 신용등급이 AAA라 할 때, 그 의미는 삼성전자와 그 종속회사를 연결한 연결재무제표를 기준으로 산정한 삼성전자 회사채의 신용등급을 의미하게 됩니다. 또한, 금융기관이 기업대출에 대한 의사결정을 할 때도 그 기업의 연결재무제표를 기준으로 하게 됩니다. 당연히 주식시장에서 형성되는 그 회사의 주가수준의 적정성도 결국 연결재무제표를 기준으로 평가될 것입니다.

한마디로 금융시장에서 어떤 기업을 표현하고 평가할 때, 지금까지는 개별 재무제표가 기준이었다면 K-IFRS가 도입되면서 연결재무제표가 기준이 된다는 의미입니다. 왜냐하면, 연결재무제표를 통해 그 기업의 실체가 더욱 명확히 표현된다고 보기 때문입니다. 따라서 투자자들은 K-IFRS의 특징을 정확히 이해하고 그 기준에 따라 작성된 연결재무제표를 이용하고 해석할 수 있어야 하겠습니다.

〈K-IFRS 도입에 따른 주 재무제표의 변동〉

기존 K-GAAP				K-IFRS		
	주 재무제표	보조 재무제표			주 재무제표	보조 재무제표
종속회사 有	개별	연결	◐	종속회사 有	연결	개별(별도)
종속회사 無	개별	–		종속회사 無	개별	–

별도재무제표는 종속회사나 관계회사의 실적에 영향받지 않는다

　앞에서 별도재무제표는 지배회사의 재무상태와 경영성과가 종속회사나 관계회사에 영향받지 않도록 작성된 재무제표라고 하였습니다. 그렇다면 어떤 연결고리에 의해 지배회사의 재무상태와 경영성과가 종속회사나 관계회사의 실적에 영향받거나 받지 않게 될까요? 지배회사가 보유하고 있는 종속회사나 관계회사에 대한 지분, 즉 투자한 주식의 평가방법이 그 연결고리가 됩니다.

　즉, 투자한 주식을 지분법으로 평가하느냐 그렇지 않느냐에 따라 지배회사의 재무상태와 경영성과가 종속회사나 관계회사의 실적에 영향을 받느냐 그렇지 않느냐가 결정됩니다. 관계회사 등에 투자한 주식을 지분법으로 평가하지 않고 원가법 또는 공정가치법으로 평가하면 지배회사의 재무상태와 경영성과는 종속회사나 관계회사의 실적과 연동되지 않습니다.

IFRS 관련 신문기사 읽기

신평사 분석틀, IFRS 체제로 확 바꾼다

내년부터 모든 상장사와 금융회사에 적용되는 국제회계기준(IFRS)에 맞춰 신용평가사의 분석틀이 전면 개편된다. 기업의 자율성을 존중하는 IFRS가 기업 간 비교 가능성을 떨어뜨릴 수 있다는 우려에 따라 기존 기업회계기준(GAAP)과 IFRS의 재무정보를 재구성해 표준재무지표를 변경하는 방식이 도입될 예정이다.

한국기업평가는 17일 "IFRS 도입으로 재무정보의 표준적 양식이 해체되고, 다양한 회계기준이 공존해 기업 간 비교 가능성 저하에 대한 우려가 커지고 있다"며 "비금융기업의 표준재무지표를 변경해 적용할 계획"이라고 밝혔다.

변경되는 표준재무제표는 IFRS의 핵심 이슈인 연결재무제표를 기반으로 이익 지표와 차입 부담, 현금흐름 분석을 모두 개편하는 내용을 담고 있다.

지배회사와 종속회사의 재무상황을 종합적으로 반영한 연결재무제표를 신용평가에 그대로 적용하고, 이익 관련 지표인 EBIT(매출액·매출원가·판관비)와 EBITDA(EBIT+감가상각비+무형자산상각비)에 대해서도 감사보고서의 주석사항 분석을 통해 재구성한다는 방침이다.

(이데일리, 2010.12.17)

예를 들어 'A'라는 회사는 관계회사인 'B'의 지분 중 30%를 보유하고 있습니다. 2010년 초 A의 재무상태표에는 '투자주식'이라는 계정과목으로 A가 보유하고 있는 B의 지분에 대한 가치가 본래 취득한 가격인 100으로 표시되어 있습니다. 한편, B는 2010 사업연도 동안 20의 당기순이익을 올렸습니다. 그렇다면 2010년 말 A가 보유하고 있는 B의 지분, 즉 투자한 주식의 가치는 얼마로 표시되는 것이 적정할까요?

우선 2010년 말 A가 보유하고 있는 B의 지분을 최초 취득가격인 100 그대로 표시(원가법)하는 것이 가장 적정한 방법의 하나일 수 있습니다. 왜냐하면, 누구나 인정하는, 실제 발생한 사실에 기초한 가장 객관적인 가격이기 때문입니다.

또는 2010년 말 A가 보유하고 있는 투자주식의 가격이 주식시장에서 105원으로 형성되어 있다면 평가시점 당시의 가격인 105로 표시(공정가치법)할 수도 있을 것입니다. 시장에서 형성되는 가격이란 수많은 사람의 수요와 공급에 의해 결정된 객관적인 가격이기 때문입니다.

또 다른 방법으로는 2010년 B의 당기순이익(20) 중 A가 보유하고 있는 지분(30%)에 해당하는 부분인 6(20×30%)만큼을 A의 당기순이익과 투자주식에 더해줌으로써 B에 대한 투자주식의 가치를 106(100+6)으로 표시(지분법)할 수도 있습니다. 투자하고 있는 B의 가치변화를 그 지분율만큼 반영하는 방법으로서 이 또한 합리성이 있어 보입니다.

여기에서 설명한 투자주식의 평가방법에 따른 장부표시가격의 차이를 요약하면 다음 그림과 같습니다.

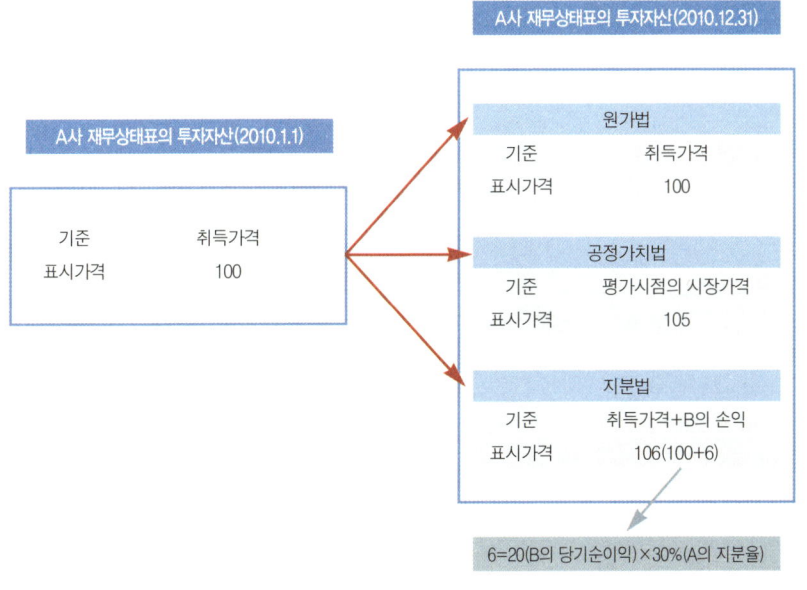

〈투자주식의 평가방법에 따른 장부표시가격의 차이〉

A사 재무상태표의 투자자산(2010.12.31)

원가법	
기준	취득가격
표시가격	100

공정가치법	
기준	평가시점의 시장가격
표시가격	105

지분법	
기준	취득가격+B의 손익
표시가격	106(100+6)

A사 재무상태표의 투자자산(2010.1.1)

기준	취득가격
표시가격	100

6=20(B의 당기순이익)×30%(A의 지분율)

Chapter

3

별도재무제표는 관계회사 등에 대한 투자주식 평가에 지분법을 적용하지 않는다

　독자들도 짐작하겠지만 지분법과 달리 원가법이나 공정가치법으로 투자주식을 평가하게 되면, 피부자회사의 실적에 지배회사의 실적이 연동되지 않습니다. 여기에서 별도재무제표는 바로 이러한 방식으로 관계회사에 투자한 주식을 지분법으로 평가하지 않고 원가법이나 공정가치법으로 평가합니다. 결국, 연결재무제표를 작성하는 지배회사로 하여금 지배회사 자체의 별도재무제표도 작성하게 하는 것은 순수하게 지배회사 자체만의 모습을 보여주겠다는 의미입니다.

이상에서 설명한 K-IFRS에서의 재무제표 종류를 정리하면 다음과 같습니다.

〈K-IFRS에서의 재무제표 종류〉

구 분		연결재무제표	별도재무제표	개별재무제표
개 념		지배회사와 종속회사를 하나로 연결하여 작성한 재무제표	지배회사가 작성하는 지배회사 자체의 개별재무제표	연결재무제표를 작성하지 않는 개별회사의 재무제표
투자지분 평가	종속회사	연결재무제표 작성	원가법 또는 공정가치법	–
	관계회사	지분법		지분법

🔸 **원가법**
　자산의 가치를 취득 당시의 취득가격으로 평가·공시하는 방법

🔸 **공정가치법**
　자산의 가치를 평가시점의 시장가치로 평가하는 방법

분·반기 보고서와 비재무적 사항의 연결기준 공시

기존 K-GAAP에서도 그동안 연결재무제표가 작성되고 공시됐습니다. 연결재무제표는 분·반기 보고서에는 적용되지 않고 사업보고서의 경우에만 부수적으로 작성되었습니다. 그러나 K-IFRS에서는 연결재무제표가 주 재무제표가 되고 개별재무제표는 부 재무제표가 됩니다. K-IFRS의 도입으로 연도별 재무제표뿐 아니라 분기 및 반기 재무제표 그리고 사업보고서 등 모든 공시서류가 연결대상 전체에 기초한 연결재무제표 기준으로 작성되어 공시됩니다.

특히 정기보고서는 재무제표 등 재무에 관한 사항뿐만 아니라 회사의 개요, 사업 내용, 우발채무, 제재현황, 결산기 이후 발생한 주요 사항 등 비재무적 사항에 대하여도 지배회사뿐만 아니라 종속회사의 정보를 포함함으로써 연결기준으로 공시됩니다.

아래 표는 국제회계기준의 연결재무제표 관련 주요 사항을 정리한 것입니다.

〈연결재무제표 관련 주요 사항〉

구 분	국제회계기준	기존 K-GAAP	국제회계기준 도입에 따른 영향
주 재무제표	연결재무제표	개별재무제표	연결실체 중심의 재무분석
사업보고서 (연결재무제표)	사업연도 종료 후 90일 이내	사업연도 종료 후 120일 이내(자산 2조 원 이상은 90일 이내)	공시기한의 단축
분·반기 보고서	개별(별도재무제표 형식) 및 연결재무제표 작성	개별재무제표만 작성	분·반기 연결재무제표 추가 작성
비재무사항 연결공시	○	×	공시정보 확대
연결범위	– 의결권주식의 50% 초과 소유 주주 또는 실질 지배력이 있는 경우 – 자산 100억 원 미만 기업, 특수목적회사(SPE) 등 모든 종속회사 포함 (예외 없음)	– 의결권주식의 30% 초과 최대 주주 또는 실질 지배력이 있는 경우 – 자산 100억 원 미만 기업, 특수목적회사(SPE) 등 제외(예외 인정)	종속회사 수 증가

연결대상 종속회사 수가 증가할 수 있다

기존 K-GAAP와 비교하여 K-IFRS의 연결범위는 지분율 50% 이하 종속회사가 연결대상에서 제외되지만, 자산 100억 원 미만 회사나 특수목적회사(SPE, Special Purpose Enterprise) 등이 연결대상에 포함되므로 전체적으로는 연결대상 종속회사 수가 증가할 것으로 예상됩니다.

기존 K-GAAP와 K-IFRS에서 정하는 연결범위는 다음과 같습니다.

〈기존 K-GAAP와 K-IFRS의 연결범위 비교〉

	기존 K-GAAP	K-IFRS	연결범위의 확대 · 축소
의결권 기준	30% 초과 & 최다 출자자	50% 초과	(↓)
실질 지배력 기준	○	○	–
사실상 지배력 기준	×	○	(↑)
특수목적기업	×	○	(↑)
자산총액 100억 원 미만	×	○	(↑)

IFRS 시대, 연결재무제표 모르면 투자 접어라

㈜LG는 지난달 말 LG전자, LG화학 등 주요 계열사를 연결대상에서 모두 뺀 IFRS 재무제표를 내놓아 충격파를 몰고 왔다. LG그룹의 지주회사여서 이전까지는 주요 계열사를 포함한 연결 실적을 발표해 왔기 때문이다. 핵심 자회사들이 빠져나가자 ㈜LG의 연결순이익은 1조 5,800억 원으로 기존 회계 방식으로 산출한 5조 2,200억 원보다 70%나 급감했다. (중략)

대부분 회사는 연결해도 실적 변화가 크지 않지만, 지주회사인 ㈜LG처럼 자회사가 많은 경우 큰 차이가 날 수도 있다. 이는 기존 회계제도와 IFRS에서 정하는 연결대상 회사의 범위가 다르기 때문이다. 예전엔 지분율 30% 초과 시 연결대상에 포함됐지만, IFRS에서는 50%를 초과해야 연결대상이다. 지분율 30~50%인 자회사들이 대거 연결대상에서 빠지는 것이다.

이에 따라 ㈜LG는 예전에는 LG전자, LG화학, LG CNS, LG생활건강, LG데이콤 등 162개사의 실적을 연결했지만, IFRS 기준하에서는 LG CNS 등 29개사만 대상이다. (중략) LG 관계자는 "회계기준 변경에 따른 이익 감소여서 기업가치에는 변화가 없다"고 설명했다.

(한국경제, 2010.4.17)

여기서 실질 지배력이란 의결권의 50% 이하를 소유하더라도 실질적으로 회사를 지배하는 경우를 의미합니다. 예를 들면 이사회 구성원의 과반수를 임명하거나 해임할 수 있는 경우 등이 이에 해당합니다.

K-IFRS에서 정하고 있는 실질 지배력 기준은 다음과 같습니다.

> ◆ **K-IFRS에서의 연결범위에 대한 실질 지배력 기준**
> • 다른 투자자와의 약정으로 과반수의 의결권을 행사할 수 있는 능력이 있는 경우
> • 법규나 약정에 따라 기업의 재무정책과 영업정책을 결정할 수 있는 능력이 있는 경우
> • 이사회나 그에 준하는 의사결정기구가 기업을 지배한다면, 구성원의 과반수를 임명하거나 해임할 수 있는 능력이 있는 경우
> • 이사회나 그에 준하는 의사결정기구가 기업을 지배한다면, 의사결정에서 과반수의 의결권을 행사할 수 있는 능력이 있는 경우

사실상 지배력(de facto control) 기준이란?

앞에서 연결범위의 조건으로 제시된 의결권 과반수 기준이나 실질 지배력 기준에 들어맞지는 못하지만, 실질적 정황을 고려할 때 지배력이 존재한다고 볼 수 있는 경우도 있습니다.

예를 들어 A기업은 B기업의 지분 40%를 보유하고 있으며 나머지 60% 지분은 광범위하게 분산되어 있다고 가정하겠습니다. A기업을 제외하고는 아무도 5%를 초과해서 지분을 보유하고 있지 않으며, 이들이 공동으로 60% 지분을 행사한다는 계약도 존재하지 않습니다. 또한, A기업을 제외한 나머지 주주 중 과거 주주총회에 참석한 주주는 전체 주주의 20% 미만인 것으로 나타났습니다. 이러한 경우에 A기업은 사실상 B기업을 지배한다고 할 수 있습니다.

IFRS 관련 신문기사 읽기

IFRS 적용 시 연결대상 상장법인 수, 전체의 87%로 늘어

한국경제연구원(원장 김영용)은 최근 〈IFRS 적용이 우리나라 연결재무제표에 미치는 영향〉(강선민 중앙대 교수, 한봉희 아주대 교수, 황인태 중앙대 교수)이라는 보고서를 통해 이같이 분석했다.

2011년 IFRS 적용에 따라 연결재무제표를 작성해야 하는 상장기업 수가 2007년 47%에서 87%까지 크게 증가할 것이라고 지적하였다. 보고서는 국제회계기준(International Financial Reporting Standards: IFRS)을 적용하는 경우 2007년 말 현재 우리나라 상장기업 가운데 연결재무제표를 작성하는 기업은 약 47%로 미국·영국 등 선진국 등의 연결재무제표 작성비율이 99%인 점을 감안할 때 상대적으로 매우 낮은 비율이다. 그러나 분석결과는 IFRS 적용에 따라 우리나라 연결재무제표 작성 기업 수는 전체 상장기업 중 약 87%까지로 크게 증가할 것으로 예측됐다. 이는 현행 기업회계기준(K-GAAP)과 국제회계기준(K-IFRS)의 연결범위의 차이에 근거한다. 구체적으로 K-GAAP에서는 주식회사의 외부감사에 관한 법률에 모회사의 지분율이 30%를 넘고 최대주주인 경우 연결에 포함하도록 하고 있다. 또한, 종속회사가 외부감사 대상기업(직전 연도 자산규모 100억 원 이상)이 아닌 기업과 회사의 형태를 취하고 있지 않은 경우에는 연결대상에서 제외하도록 규정하고 있다.

반면 K-IFRS에서는 지분율기준에 의할 때 예외적인 경우를 제외하고는 50%를 넘어야 연결대상에 포함하도록 하고 있으며, 연결대상에 자산규모와 조직형태의 제한을 두고 있지 않다. 따라서 보고서는 IFRS 도입에 따라 모회사의 지분율이 30~50%에 해당하는 비교적 규모가 큰 계열사 상당수가 연결에서 빠질 가능성이 있으나, 자산 100억 원 미만의 주식회사, 조합, 특수목적회사(SPC) 등은 모두 연결대상 종속회사에 포함돼 연결재무제표 작성 기업 수가 크게 증가할 것으로 예상했다.

(머니투데이, 2010.9.6)

Chapter

3

A기업의 B기업에 대한 지분	40%
나머지 주주의 과거 주총 참석률	20%
계	60%

결국, 주총에서 A기업은 40/60=67%의 의결권 행사가 가능하므로 A기업은 사실상 지배력 기준으로 B기업을 지배한다고 볼 수 있습니다. 그러나 현실적으로 사실상 지배력 기준을 적용하기는 매우 어렵습니다. 위의 예에서도 실제 60%의 지분이 광범위하게 분산되어 있는지를 판단하기는 어렵습니다. 아울러 60%를 소유하고 있는 주주 간의 담합 가능성을 판단하는 것도 현실적으로 힘들 것이기 때문입니다.

K-IFRS의 기업별 적용시기는 어떻게 될까?

앞에서도 언급했듯이 우리나라의 모든 상장법인과 상장예정법인 및 금융회사는 2011년부터 K-IFRS를 의무적으로 적용해야 합니다. 그 이전인 2009년부터 금융회사를 제외한 상장법인은 K-IFRS를 조기에 적용할 수도 있었습니다. 금융회사는 금융회사 간 동일한 회계기준의 적용을 위해 조기적용을 금지하고 있습니다. 비상장법인은 재무제표 작성부담을 덜어주기 위해 편람식으로 간략하게 제정된 '일반기업회계기준'을 적용할 수 있습니다.

다만, 상장법인은 자산규모 2조 원을 기준으로 분·반기 보고서의 연결재무제표 작성시기가 달리 적용됩니다. 즉, 자산규모가 2조 원 이상인 상장법인은 2011년부터 분·반기 보고서도 연결기준으로 작성해야 합니다. 반면, 2조 원 미만인 기업은 2011년과 2012년은 사업보고서만 연결기준으로 작성하고 분·반기 보고서는 2013년부터 작성하면 됩니다.

이 경우 2조 원 미만 기업들의 분·반기 보고서에는 종속·관계회사의 경영 성과가 공시되지 않아 한시적으로 비교 가능성이 저하될 수 있습니다. 따라서 K-IFRS(기준서 제1034호)에서는 자산 2조 원 미만 지배회사에 대해 2011~ 2012년의 2년간은 한시적으로 지분법을 적용했을 때의 요약 재무정보를 주석 에 명시하도록 하고 있습니다.

여기에서 자산규모 2조 원은 연결재무제표를 작성한 기업의 최근 사업연도 말 개별재무제표(기존 K-GAAP 기준) 자산총액을 기준으로 합니다. 예를 들 어, 2011년에 K-IFRS를 적용받는 12월 결산법인의 경우 2010년 말 개별재무 제표의 자산총액이 기준이 됩니다. 다만, 2010년 말 자산총액이 2조 원 미만 이었다가 2011년 말 자산총액이 2조 원 이상으로 증가한 기업의 경우에는 예 측하지 못한 공시 부담을 덜어주기 위해 2012년 분·반기 보고서까지는 연결재무제표를 작성하지 않고 개별재무제표만 제출하는 것이 가능합니다.

〈K-IFRS 도입 일정〉

구 분		~'08년	'09~'10년	'11~'12년	'13년**~
상장 법인	2조 원* 이상			K-IFRS	
	2조 원* 미만	기존 K-GAAP (분·반기 연결의무 無)		(분반기 연결 면제)	
비상장법인				일반기업회계기준 (기존 K-GAAP를 일부 수정)	

* 기존 K-GAAP에 의해 작성된 최근 사업연도 개별재무제표 상 자산총액
** 상장저축은행은 2016년부터 도입

연결재무제표의 공시기한이 앞당겨진다

K-IFRS 도입으로 연결재무제표가 주 재무제표가 되면 연결재무제표와 그
에 대한 감사보고서의 제출기한이 단축되어 개별재무제표 및 그에 대한 감사
보고서와 동시에 공시됩니다. 즉, 연결감사보고서 제출기한이 기존의 사업연
도 종료 후 4개월(자산규모 2조 원 이상 기업은 3개월) 이내에서 개별재무제
표와 동일하게 정기주주총회 1주 전으로 앞당겨집니다.

이와 더불어 연결기준 사업보고서도 기존의 사업연도 종료 후 120일(자산규
모 2조 원 이상 기업은 90일) 이내에서 사업연도 종료 후 90일 이내에 제출해
야 합니다.

또한, 기존에는 사업보고서에 한해서만 연결재무제표를 공시하면 되었으나 K-IFRS 도입으로 연결재무제표가 주 재무제표가 됨으로써 2011년(자산규모 2조 원 미만 기업은 2013년)부터는 분기 및 반기 보고서에도 연결재무제표를 공시해야 합니다. 다만, 최초 도입 후 2년간은 분·반기 연결보고서 작성에 따른 적응기간을 감안하여 분·반기 경과 후 45일이 아닌 60일 이내로 제출 기한을 연장해 주고 있습니다. 따라서 2009년에 K-IFRS를 조기 도입한 기업은 조기 도입 후 2년이 경과한 2011부터는 분·반기 연결보고서도 개별보고서와 마찬가지로 분·반기 경과 후 45일 이내에 제출해야 합니다.

K-IFRS 도입에 따라 사업보고서 등의 제출 기한을 정리하면 다음 표와 같습니다.

〈연결 중심 공시체제 전환에 따른 사업보고서 등 제출 기한 단축〉

구 분	자산규모	개별/연결	기존 K-GAAP	K-IFRS
사업보고서	2조 원 이상	개별	사업연도 종료 후 90일 이내	사업연도 종료 후 90일 이내
		연결		
	2조 원 미만	개별	사업연도 종료 후 90일 이내	
		연결	사업연도 종료 후 120일 이내	
분·반기 보고서*	2조 원 이상	개별	분·반기 경과 후 45일 이내	분·반기 경과 후 45일 이내 (연결포함 제출시 연결 제출 기한과 동일)
		연결	–	2011~2012년 분·반기 경과 후 60일 이내 2013년 이후 분·반기 경과 후 45일 이내
	2조 원 미만	개별	분·반기 경과 후 45일 이내	분·반기 경과 후 45일 이내 (연결포함 제출시 연결 제출 기한과 동일)
		연결	–	2013~2014년 분·반기 경과 후 60일 이내 2015년 이후 분·반기 경과 후 45일 이내
	5천억 원 미만 비금융회사	개별/연결	–	–
재무제표 및 감사보고서	2조 원 이상	개별	주총 1주 전	주총 1주 전
		연결	사업연도 종료 후 3개월 이내	
	2조 원 미만	개별	주총 1주 전	
		연결	사업연도 종료 후 4개월 이내	

* 2011년에 최초로 K-IFRS를 도입하는 경우를 가정함

02 자산과 부채의 공정가치 평가 확대

회계장부에 자산과 부채의 가치를 표시하는 방법으로는 취득 당시의 취득원가로 표시하는 방법과 작성시점의 실제가치를 산정하여 표시하는 방법이 있습니다. 즉, 역사적 원가법과 공정가치법이 있으며 각각 장단점을 가지고 있습니다. 국제회계기준에서는 자산과 부채에 대해 공정가치 평가의 적용을 확대하였습니다.

공정가치 vs. 취득원가

기존 K-GAAP에서는 역사적 원가, 즉 취득원가에 따라 자산과 부채를 평가하는 것이 원칙이었습니다. 이는 정보의 신뢰성을 우선시하겠다는 의도입니다. 즉, 거래 상대방과의 사이에서 발생한 실제 거래가격에 기초하여 회계처리가 되어야 한다는 의미입니다. 참고로 기존 K-GAAP에서도 유형자산에 대해서는 2008년부터 재평가를 허용하고 있습니다.

국제회계기준에서는 공정가치로 자산과 부채를 평가하는 것을 원칙으로 합니다. 예를 들어 10년 전 1억 원에 토지를 취득하였는데 현재 그 토지가 시장에서 10억 원에 거래된다면 국제회계기준에서는 10억 원을 공정가치로 보아 장부금액을 조정할 수 있도록 하고 있습니다. 왜냐하면, 자산과 부채를 공정가치로 평가할 때, 투자자 및 채권자들은 회사의 재무상태 및 내재가치에 대해 더욱 잘 알 수 있게 되기 때문입니다. 결국, 국제회계기준에서 공정가치 평가를 확대한 것은 투자자에게 자산과 부채의 가치에 대한 시의적절한 정보를 제공하는 것이 투자자의 의사결정에 보다 도움이 될 수 있다는 취지로 이해할 수 있습니다.

국제회계기준(K-IFRS)과 기존 K-GAAP에서의 공정가치 평가항목과 그 영향은 다음 표와 같이 요약할 수 있습니다. 표에서 K-IFRS에서의 공정가치 확대에 따른 계정과목별 영향은 'Chapter 4'의 해당 Section을 참조하시면 보다 쉽게 이해할 수 있을 것입니다.

〈공정가치로 평가하는 주요 항목〉

구 분	국제회계기준 (K-IFRS)	기존 K-GAAP	국제회계기준 도입 영향
유·무형자산	원가모형과 공정가치를 활용한 재평가모형 중 선택	원가모형만 인정 (2008년부터 유형자산에 한해 재평가 허용)	순익 감소 자본 증가
투자부동산	원가모형이나 공정가치모형 중 선택	원가모형만 인정	순익 증가 자본 증가
금융상품	당기손익인식금융상품(Fair Value Option) 지정을 통한 공정가치 측정	해당규정 없음	손익변동성 증가
퇴직급여채무	예측급여채무의 개념을 채택하여 보험수리적 방법으로 측정	청산가치 개념	순익 감소 부채 증가
영업권	영업권은 상각하지 않고 손상 평가	20년 이내에 정액법으로 상각	순익 증가 자본 증가

* 출처: 국제회계기준의 이해와 도입준비(금융감독원 회계제도실, 2009.12)
** 재무제표에 미치는 실제 영향은 기업별로 다를 수 있음

당기손익과 자기자본의 변동성 증가

자산과 부채의 평가에서 취득원가가 아닌 공정가치를 적용하면 어떤 효과가 있을까요? 우선 공정가치로 자산과 부채가 평가되면 평가손실 혹은 평가이

익이 발생하므로 당기손익이나 자기자본의 변동성이 증가할 것으로 예상됩니다. 여기에서 투자자들이 유의해야 할 점은 자산·부채의 평가를 취득원가로 할지 아니면 공정가치로 할 것인지는 전적으로 기업의 선택에 달렸다는 것입니다.

즉, 동일한 자산에 대하여 어떤 기업은 공정가치로 평가하고 또 다른 기업은 취득원가로 평가할 수 있습니다. 이런 경우에는 주석을 이용하여 이들 자산과 부채의 공정가치를 비교해야 할 것입니다. 왜냐하면, 국제회계기준에서는 자산과 부채의 평가를 취득원가로 회계처리 하는 경우에도 공정가치 정보를 주석에 공시하도록 하고 있기 때문입니다.

03 경제적 실질을 반영한 회계처리

국제회계기준은 회계처리의 방법에서 특별한 법령이나 규정보다 경제적 실질을 우선시합니다. 'Section 1'에서 살펴본 연결재무제표의 주 재무제표화도 경제적 실질을 중요시하는 국제회계기준의 특징과 연관 지어 생각할 수 있습니다.

법이나 규제보다 경제적 실질에 맞는 회계처리

기존 K-GAAP에서는 일반적으로 법이나 규제에 근거해서 회계처리 하고 있는 데 반하여, 국제회계기준에서는 법이나 규제보다는 해당 거래의 경제적 실질에 초점을 맞추어 회계처리를 합니다. 즉, 해당 거래의 형식이나 그와 관련된 법률보다 실제 그 거래의 경제적 본질에 충실하도록 회계처리를 한다는 의미입니다.

가령 기존 K-GAAP에서는 상환우선주를 자본으로 회계처리 하도록 하고 있는데, 이는 상법상 우선주가 자본으로 분류되기 때문입니다. 반면에 국제회계기준에 의하면 상환우선주 발행기업이 상환우선주의 보유자에게 특정 기한 내에 우선주를 확정금액으로 상환할 의무가 있거나, 보유자가 상환을 청구할 수 있는 권리를 가질 때는 상환우선주를 부채로 분류해야 합니다. 법적으로 상환우선주는 보통주와 함께 자본의 구성요소로 분류되지만, 앞의 예에서처럼 경제적 실질 측면에서 보면 그 본질이 부채와 동일하기 때문에 부채로 회계처리를 해야 합니다.

    또한, 기존 K-GAAP에서는 법적으로 지배회사와 종속회사를 독립된 개체로 인식함으로써 개별재무제표가 주 재무제표로 통용됐습니다. 그러나 국제회계기준에서는 법적으로는 독립된 종속회사를 경제적으로는 지배회사에 예속된 하나의 사업부로 인정합니다. 이로써 연결재무제표를 주 재무제표로 인정하는 경제적 실체에 부합하는 회계처리가 가능하게 됩니다.

    경제적 실질을 중요시하는 국제회계기준의 특징은 유·무형자산 감가상각의 회계처리 방법에서도 찾아볼 수 있습니다. 즉, 기존 K-GAAP에서는 관행적으로 세법에 의한 감가상각방법과 내용연수를 일률적으로 적용했습니다. 그러나 특정 법률에서 정한 감가상각방법과 내용연수를 일률적으로 적용하는 것은 그 자산과 자산을 이용하는 회사의 경제적 실질을 반영하지 못하는 회계처리 방법일 수밖에 없습니다. 따라서 국제회계기준에서는 유·무형자산의 내용연수와 잔존가치 및 감가상각방법을 실제 소비행태를 반영하여 추정하도록 하고 있습니다. 또한, 이에 대하여 매 회계기간 말에 재검토하도록 함으로써 최대한 경제적 실질에 맞는 회계처리 방법을 선택하도록 하고 있습니다.

    다음 표에서는 경제적 실질을 중요시하는 국제회계기준의 특성으로 인해

기존 K-GAAP와 구별되는 회계처리 항목들을 예시하고 있습니다. 항목별 두 회계기준 간의 구체적인 차이점 및 그 영향은 'Chapter 4'의 해당 Section을 참조하시기 바랍니다.

〈경제적 실질이 반영된 주요 항목〉

구 분	국제회계기준	기존 K-GAAP	국제회계기준 도입 영향
대손충당금	객관적인 손상사유가 발생한 경우에는 발생손실 추정액으로 설정	합리적이고 객관적인 기준에 따라 산출한 대손추정액을 대손충당금으로 설정	순익 증가 자본 증가
상환우선주	상환해야 하는 계약상 의무 등을 부담하는 경우에는 부채로 분류	자본으로 분류	순익 감소 자본 감소
금융자산 매각	대부분 현행 자산유동화법에 의한 자산유동화는 매각거래로 인정하지 않음	자산유동화법에 의한 자산유동화는 매각거래로 인정	부채비율 상승
공시	리스크 등에 대한 상세한 공시 요구	관행적으로 공시를 생략하는 경우가 많음	공시량 증가

* 출처: 국제회계기준의 이해와 도입준비(금융감독원 회계제도실, 2009.12)
** 재무제표에 미치는 실제 영향은 기업별로 다를 수 있음

04 원칙 중심의 회계기준

일반적으로 모든 규제체제는 원칙만을 제시하는 원칙 중심의 규제체제와 규제사항을 일일이 열거하는 규정 중심의 규제체제로 크게 나눌 수 있습니다. 회계기준도 원칙 중심의 회계기준과 규정 중심의 회계기준으로 구분할 수 있습니다. 국제회계기준(IFRS)의 특징 중 하나는 원칙 중심이라는 것입니다. 여기서는 원칙 중심 회계기준이 갖는 의미를 알아보도록 하겠습니다.

원칙 중심 vs. 규정 중심

우리나라의 기업회계기준(기존 K-GAAP)이나 미국의 회계기준(US GAAP)은 대표적인 규정 중심의 회계기준입니다. 규정 중심의 회계기준은 회계업무상 고려될 수 있는 가능한 모든 경우에 대하여 회계처리 방법을 규정에서 일일이 정하는 방법입니다.

그러나 사실상 모든 경우의 수를 감안하여 회계규정을 제정한다는 것은 현실적으로 불가능할 뿐만 아니라, 회계기준의 양도 매우 많아질 수밖에 없습니다. 실제로 규정 중심의 미국 회계기준은 약 17,500페이지에 달하는 데 비하여 2007년 11월에 한국회계기준원에서 발간한 한국채택국제회계기준(K-IFRS) 책자는 1,274페이지에 불과합니다. 규정 중심의 미국 회계기준의 양이 원칙 중심의 K-IFRS와 비교하면 약 14배에 달하는 것을 볼 수 있습니다.

규정 중심 회계기준에 충실하더라도 회계원칙에는 위배될 수 있다

규정 중심의 회계기준은 규정에서 정한 형식적 요건을 강조하기 때문에 형식적 요건만 충족시키면 회계기준을 충족시킨 것으로 인정합니다. 이로 인해 경우에 따라서는 형식적인 회계기준은 충족시켰지만, 회계원칙에는 위배되는 경우도 발생할 수 있습니다.

일례로 미국에서 일어난 엔론사태에서 지배회사인 엔론은 회계규정의 허점을 이용하여 실질적으로 지배하고 있는 다수 종속회사를 자사의 연결재무제표에서 제외했습니다. 즉, 종속회사에 자사의 부채를 떠넘긴 후, 이들 종속회사를 연결재무제표에서 제외함으로써 엔론의 재무상태를 건실하게 보이도록 투자자를 오도했습니다.

규정 중심의 미국 회계기준에서 보면 엔론은 미국 회계기준에서 인정하는 특정 조건을 충족시킴으로써 종속회사를 연결대상에서 제외할 수 있었으며, 결과적으로 미국의 회계기준을 위반하지 않은 셈이 되었습니다. 그러나 만일 엔론이 원칙적으로 모든 종속회사를 예외 없이 연결범위에 포함하도록 하는 국제회계기준으로 연결재무제표를 작성했다면 이들 종속회사를 연결대상에서 제외할 수 없었을 것이며, 결국 엔론의 부실이 그대로 드러났을 것입니다. 다시 말해 엔론은 규정 중심의 회계기준은 충족시켰지만, 회계원칙은 위반한 것입니다.

주석의 기능이 중요해진다

규정 중심의 회계기준과 달리 원칙 중심의 회계기준은 포괄적인 원리 중심으로 회계기준이 기술되어 있어 상세한 회계처리 방식을 정하고 있지 않습다. 그래서 처음 이를 접하게 되면 그 의미가 분명치 않아 매우 불편하고 혼란스러울 수 있습니다. 그렇다면 원칙 중심의 회계기준은 이러한 맹점을 어떤 방식으로 보완할까요? 바로 주석의 충실화로 부족한 면을 보완하고 있습니다.

즉, 원칙 중심의 회계기준에서는 경영진이 자율적인 판단으로 적용한 회계기준이 회계원칙에 충실하다면 이를 모두 인정하고 있습니다. 이로 인해 동일한 사항에 대해 기업마다 서로 상이한 회계처리가 발생할 수 있습니다. 따라서 이러한 자율적 판단에 대한 상세한 설명이 필요한데 이를 주석으로 유도하고 있는 것입니다.

결국, 국제회계기준에서 주석의 양이 많아지는 이유는 바로 회계기준 적용 시 경영자의 판단근거가 주석에 기술되어야 하기 때문입니다. 물론 이것은 재무제표 이용자에게 기업의 내용, 즉 재무상태, 경영성과 및 현금흐름 등을 투명하게 전달하기 위한 것입니다.

비교 가능성 문제는 일시적이다

원칙 중심의 회계기준은 적용 초기에는 혼란스러울 수 있으며, 기업 간 비교 가능성이 저하된다는 지적이 제기될 수 있습니다. 원칙만 주어지고 적용은 각 기업의 경영자가 판단하는 식으로 이루어지기 때문입니다.

그러나 시간이 지남에 따라 업종별로 회계기준의 비교 가능성이 점차 증대될 것으로 기대됩니다. 왜냐하면, 업종별로 업종 특유의 회계기준을 적용할 때, 해당 회계기준의 적용문제에 대하여 상호 간에 의견교환 등 정보교류가 활발하게 이루어져 업계에서 일반적으로 인정되는 회계처리 방법이 정해질 것이기 때문입니다. 실제로 EU에서 2005년 IFRS 시행 이후 기업 간 비교 가능성에 대한 EU 내 재무분석가의 반응도 시간이 지남에 따라 매우 긍정적으로 나타난 바 있습니다.

기업이 독자적으로 회계기준을 개발할 수도 있다

원칙 중심의 국제회계기준은 상세한 규정이 제정되어 있지 않기 때문에 특정거래나 사건의 회계처리가 불명확하거나 심지어는 이에 대한 가이드라인이 아예 없을 수도 있습니다. 이런 경우에는 해당 기업의 경영진이 문제가 되는 회계업무 처리와 관련하여 유사한 국제회계기준이나 개념체계 등을 이용하여 독자적으로 회계처리를 할 수 있도록 하고 있습니다.

투자자와 함께 읽는
국제회계기준[IFRS]

Chapter 4

K-IFRS와 기존 K-GAAP는
구체적으로 어떻게 다를까?

4 Chapter

들어가며

'Chapter 3'에서는 연결회계를 중심으로 국제회계기준의 개략적인 특성을 알아보았습니다. 이번 'Chapter 4'에서는 우리나라가 채택한 국제회계기준인 K-IFRS가 기존 K-GAAP와 구체적으로 어떤 점에서 다른가를 짚어보도록 하겠습니다. 특히 재무상태표와 포괄손익계산서의 계정과목 중 두 회계기준의 처리 방식에서 중요한 차이가 있는 계정과목을 중심으로 독자 여러분이 꼭 알아야 할 내용을 정리하였습니다.

이번 Chapter를 충분히 이해하고 나면 독자 여러분은 K-IFRS에 의해 작성된 재무제표를 접할 때, 기존 K-GAAP와의 회계처리 차이점을 고려하여 재무정보를 이용할 수 있을 것으로 기대됩니다.

01 K-IFRS에서의 재무상태표

기존 K-GAAP에서는 재무제표의 표준양식을 제공하고 있는 반면에 K-IFRS에서는 별도의 정해진 양식을 제시하고 있지 않습니다. 즉, K-IFRS 에서는 재무제표별로 최소한의 계정과목만 제시하고 나머지 필요한 계정과 목이나 중간합계 등은 기업이 판단해서 추가할 수 있도록 하였습니다. 'Section 1'에서는 K-IFRS에서 재무상태표가 어떠한 형태로 작성되는지 알 아보도록 하겠습니다.

정해진 표준양식 없이 기업이 자율적으로 재무제표 양식을 결정한다

독자 여러분은 재무상태표나 손익계산서 등의 용어와 그 내용에 이미 어느 정도 익숙해졌을 것입니다. 기업의 경영현황을 투자자 등에게 알리기 위해 특 정한 회계기준에 따라 작성된 보고서를 일반적으로 '재무제표'라고 합니다. 기존 우리나라의 기업회계기준(기존 K-GAAP)에서 정한 재무제표와 한국채 택국제회계기준(K-IFRS)에서 말하는 재무제표는 그 종류와 형식에서 차이가 있습니다.

우선 K-IFRS에서 정한 재부제표의 종류는 재무상태표, 포괄손익계산서, 자본변동표, 현금흐름표 및 주석으로 구성됩니다. 기존 K-GAAP에서는 포괄 손익계산서를 주석에 표시했지만, K-IFRS에서는 이를 기본 재무제표로 정 하고 있습니다. 또한, 기존 K-GAAP에서의 이익잉여금처분계산서는 K-IFRS에서는 기본 재무제표에서 제외되는 대신 주석에 공시하도록 하고 있습니다. 다음 표는 기존 K-GAAP와 K-IFRS에서의 재무제표의 종류를 비 교하고 있습니다.

Chapter

4

〈기존 K-GAAP와 K-IFRS에서의 재무제표의 종류〉

기존 K-GAAP	K-IFRS
• 재무상태표	• 재무상태표
• 손익계산서 → (기타포괄손익에 포함)	• 포괄손익계산서
• 자본변동표	• 자본변동표
• 현금흐름표	• 현금흐름표
• 이익잉여금처분계산서 → (주석에 포함)	• 주석
• 주석	

K-IFRS는 기존의 K-GAAP와 달리 재무제표의 표준양식을 제시하고 있지 않습니다. 이것은 K-IFRS가 규정 중심이 아닌 원칙 중심의 회계기준이라는 점을 상기하면 쉽게 이해할 수 있을 것입니다. 즉, K-IFRS에서는 재무제표 이용자가 기업의 재무상태와 경영성과를 충분히 이해할 수 있도록 기업이 자율적으로 재무제표의 양식을 결정하도록 하고 있습니다. 이는 우리나라의 기존 K-GAAP나 미국 회계기준(US GAAP)과 같은 규정 중심의 회계기준이 재무제표의 양식을 특정양식으로 제한하고 있는 것과 구별되는 특징입니다.

최소한의 계정과목만을 표시하는 재무상태표

K-IFRS는 재무상태표와 포괄손익계산서에 표시될 계정과목을 최소한으로 제시하고 있습니다. 다음 표는 재무상태표에 들어가는 최소한의 계정과목을 정리한 것입니다.

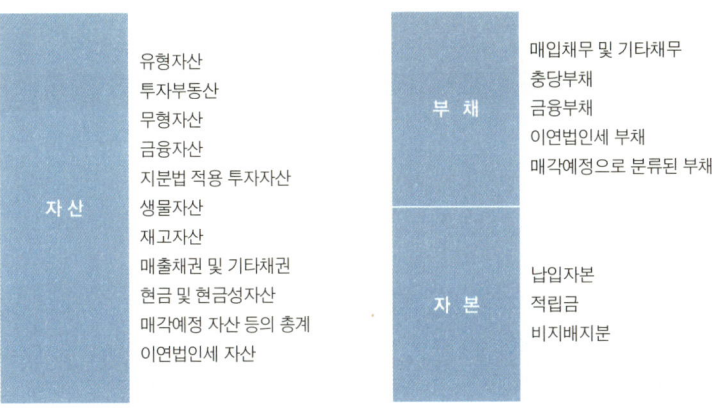

| 자 산 | 유형자산
투자부동산
무형자산
금융자산
지분법 적용 투자자산
생물자산
재고자산
매출채권 및 기타채권
현금 및 현금성자산
매각예정 자산 등의 총계
이연법인세 자산 | 부 채 | 매입채무 및 기타채무
충당부채
금융부채
이연법인세 부채
매각예정으로 분류된 부채 |
| | | 자 본 | 납입자본
적립금
비지배지분 |

표에 제시된 계정과목 이외에는 기업이 필요에 따라 계정과목을 추가하거나 중간합계를 표시할 수 있습니다. 즉, K-IFRS에서는 상이한 성격이나 기능을 가진 항목은 구분하여 표시하되, 중요하지 않은 항목은 성격이나 기능이 유사한 항목과 통합하여 표시할 수 있도록 하고 있습니다. 즉, K-IFRS에서는 기존 K-GAAP와 비교하여 매우 적은 수의 계정과목만 제시하고 세부적인 계정과목은 주석에서 설명하도록 하고 있습니다.

다음은 'K사'가 기존 K-GAAP 및 K-IFRS를 적용하여 실제로 작성한 재무상태표의 일부입니다. 여기에서는 유형자산의 표시방식을 두 회계기준 간에 비교하여 보여주고 있습니다. 기존 K-GAAP에서는 유형자산을 세부항목으로 구분하어 직접 재무상태표에 표시하고 있는 데 반해, K-IFRS에서는 필수 표시항목인 유형자산 총액만을 보여주고 그 상세한 내역은 주석에서 설명하고 있는 것을 볼 수 있습니다.

〈기존 K-GAAP 재무상태표의 유형자산 표시〉

과 목	금 액(단위: 백만 원)	
(2) 유형자산(주 9, 10, 13)		1,624,751
토지	449,896	
건물	791,753	
감가상각누계액	(236,959)	
손상차손누계액	(36)	
구축물	61,401	
감가상각누계액	(29,480)	
손상차손누계액	(4)	
기계장치	954,594	
감가상각누계액	(537,889)	
손상차손누계액	(1,084)	
차량운반구	17,065	
감가상각누계액	(14,838)	
공구와 기구	47,879	
감가상각누계액	(32,923)	
손상차손누계액	(0)	
비품	198,167	
감가상각누계액	(125,077)	
기타의유형자산	744	
건설중인자산	81,543	
손상차손누계액	–	

⟨K-IFRS 재무상태표의 유형자산 표시⟩

(단위: 백만 원)

과 목	주 석	금 액
자산		
비유동자산		
유형자산	4, 13	1,503,990

⟨K-IFRS 주석의 유형자산 공시⟩

4. 유형자산

(1) 전기 중 유형자산의 변동은 다음과 같습니다.

(단위: 백만 원)

구분	토지	건물	구축물	기계장치	차량운반구	공구와기구	비품	기타의유형자산	건설중인자산	합계
취득원가:										
기초금액	420,884	618,059	54,778	892,064	19,065	42,051	204,786	757	93,798	2,346,242
취득금액	1,304	9,563	1,412	14,229	963	4,050	27,098	–	147,030	205,649
처분금액	(2,366)	(5,331)	(316)	(46,890)	(2,862)	(1,545)	(39,774)	–	–	(99,084)
순외환차이	137	(405)	(3)	(410)	9	–	108	–	(1,640)	(2,204)
기타 증감액	16,568	51,833	3,826	95,600	270	3,380	3,305	(13)	(182,068)	(7,299)
기말금액	436,527	673,719	59,697	954,593	17,445	47,936	195,523	744	57,120	2,443,304
감가상각누계액 및 손상차손누계액:										
기초금액	–	(186,683)	(25,748)	(499,976)	(15,690)	(28,619)	(122,709)	–	(1,094)	(880,519)
처분금액	–	2,013	169	42,403	2,845	1,533	39,301	–	–	88,264
감가상각비	–	(25,629)	(2,637)	(72,368)	(1,988)	(5,706)	(39,372)	–	–	(147,700)
손상차손	–	–	–	(429)	–	–	–	–	–	(429)
순외환차이	–	10	–	27	(12)	–	(88)	–	–	(63)
기타 증감액	–	–	–	108	(19)	(3)	(46)	–	1,094	1,134
기말금액	–	(210,289)	(28,216)	(530,235)	(14,864)	(32,795)	(122,914)	–	–	(939,313)
장부금액:										
기초금액	420,884	431,376	29,030	392,088	3,375	13,432	82,077	757	92,704	1,465,723
기말금액	436,527	463,430	31,481	424,358	2,581	15,141	72,609	744	57,120	1,503,991

Chapter

4

각 기업의 특성과 상황을 고려하여 재무상태표 작성

K-IFRS에서는 각 기업이 자사의 특성과 상황을 고려하여 투자자 및 이용자가 합리적인 의사결정을 할 수 있도록 재무제표를 작성하면 됩니다. 재무상태표의 계정과목도 다른 재무제표의 계정과목과 마찬가지로 기업이 판단해서 정하도록 하고 있지만, 유동성과 비유동성 계정과목은 구분할 것을 권고하고 있습니다. 여기에서 유동성 자산은 현금과 가까운 자산을 의미하고 비유동성 자산은 즉시 현금화하기 어려운 유형자산이나 무형자산 등을 의미합니다. 기존 K-GAAP에서는 재무상태표에 자산과 부채를 표시할 때 유동성 순서에 따라 표시하도록 하였습니다. 따라서 유동자산과 유동부채가 비유동자산이나 비유동부채보다 재무상태표에 먼저 표시되었습니다.

기존 K-GAAP 기준 재무상태표에 익숙한 투자자들은 처음 IFRS 적용 기업의 재무상태표를 보면 당황할 수 있습니다. 부채가 나와야 할 곳에 자본이 나오기도 하고, 유동성 순서에 따라 배치되지 않고 유형자산이 자산의 상단에 나타나기도 합니다. 이는 K-IFRS가 원칙 중심의 회계기준이기 때문입니다. 즉, 단순히 표시순서를 통일시키지 않고 기업의 실질에 맞게 표시하도록 자율성을 부여했기 때문에 발생하는 현상입니다.

다음은 'K사'가 K-IFRS를 적용하여 작성한 연결재무상태표의 일부입니다. 기존 K-GAAP와 달리 자산의 배열에서 유동성 순서를 따르지 않고 ①비유동자산이 ②유동자산보다 먼저 나오고 ③비유동부채가 ④유동부채보다 먼저 나오는 것을 알 수 있습니다. 또한, 기존의 K-GAAP와 달리 ⑤부채보다 ⑥자본 항목이 먼저 표시되는 것을 확인할 수 있습니다.

〈 'K사'의 K-IFRS 적용 2008년 연결재무상태표〉

(단위: 백만 원)

과 목	주 석	금 액
자산		
① 비유동자산		
유형자산	4, 13	1,503,990
무형자산	5	51,933
투자부동산	6, 13	107,330
지분법적용투자자산	3, 7	1,270
매도가능금융자산	3, 8, 29	302,121
기타금융자산	13, 29	6
장기예치금	9, 29, 30	110,261
장기선급금	30	118,240
장기선급비용		6,282
장기매출채권및기타채권	10, 29	138,379
이연법인세자산	26	7,108
비유동자산 합계		2,346,924
② 유동자산		
재고자산	11	1,558,884
매도가능금융자산	3, 8, 29	2,148
기타금융자산	29	1,717
선급담배소비세등		201,773
매출채권및기타채권	10, 29	633,639
선급금	30	30,988
선급비용		3,700
현금및현금성자산	12, 29	110,244
소계		2,543,098
⑦ 매각예정비유동자산	3, 13, 31	22,906
유동자산 합계		2,566,004
자산 총계	3	4,912,929
자본 및 부채		
납입자본과 적립금		
자본금	1, 14	954,959
기타자본잉여금	14	2,869
자기주식	15	(226,944)
자기주식처분이익	15	468,274
적립금	16	1,825,708
이익잉여금	17, 18	451,406
지배회사 소유주지분		3,476,273
비지배지분		27,563
⑥ 자본 총계		3,503,836

과 목	주 석	금 액
부채		
③ 비유동부채		
장기차입금	13, 19, 29	2,474
장기매입채무및기타채무	20, 29	23,580
장기선수금	23	8,385
확정급여부채	22	73,993
충당부채		1,957
이연법인세부채	26	106,761
비유동부채 합계		217,153
④ 유동부채		
단기차입금	13, 21, 29	104,113
유동성장기차입금	13, 19, 29	280
매입채무및기타채무	20, 29	455,332
선수금		71,707
기타금융부채	29	2,698
미지급법인세	26	187,609
미지급담배소비세등		370,196
유동부채 합계		1,191,939
⑤ 부채 총계	3	1,409,092
자본 및 부채의 총계		4,912,929

매각예정비유동자산은 재무상태표에 별도로 표시

기존 K-GAAP에서는 매각예정 자산에서 나오는 손익을 별도로 중단사업손익으로 구분하여 손익계산서에 표시했지만, 재무상태표에는 이러한 자산에 대한 별도의 구분표시가 없었습니다. 여기에서 중단사업손익은 계속사업손익과 대비되는 개념으로서, 기업의 영위 사업 중 계속되지 않고 이미 처분되었거나 매각예정으로 분류된 사업부문에서 발생한 손익을 의미합니다.

K-IFRS에서는 '1년 이내에 매각할 예정인 비유동자산'을 재무상태표에 표

시할 때 자산, 부채 및 자본 항목과 구분되는 별도항목으로 표시하도록 하고 있습니다. 이는 매각예정인 자산이 기업의 영업활동과 무관한 자산으로서 이를 별도로 표시하는 것이 투자자에게 보다 유용한 정보가 된다는 취지에서 정해진 기준입니다. 이때, 매각예정비유동자산은 현재의 상태로 통상적인 거래 조건에서 즉시 매각 가능하고 매각 가능성이 커야 한다는 조건이 있습니다. 앞의 표를 보면 'K사'도 ⑦매각예정비유동자산을 별도로 표시하고 있는 것을 알 수 있습니다.

K-IFRS에서의 포괄손익계산서

K-IFRS에서는 손익계산서 대신 포괄손익계산서를 기본 재무제표로 정하고 있습니다. 또한, 포괄손익계산서의 표시형식도 두 가지 양식을 인정하고 있습니다. K-IFRS에서 포괄손익계산서를 어떤 방식으로 공시하는지를 알아보도록 하겠습니다.

미실현 평가손익인 기타포괄손익을 포함하는 포괄손익계산서

K-IFRS의 포괄손익계산서는 기존의 손익계산서를 확대한 개념이라고 할수 있습니다. 기존 K-GAAP의 손익계산서는 매출 등 수익에서 여러 가지 비용을 차감한 후 최종적으로 당기순손익을 표시합니다. 그런데 K-IFRS의 포괄손익계산서는 이 당기순손익에 기타포괄손익을 가감하여 최종적으로 총포괄손익을 표시하고 있습니다.

다음은 'K사'가 기존 K-GAAP를 적용하여 작성한 손익계산서와 K-IFRS를 적용한 포괄손익계산서의 일부입니다. 기존의 K-GAAP에 의한 손익계산서가 최종적으로 당기순이익을 표시하고 있는 것과 달리 K-IFRS의 포괄손익계산서는 총포괄손익을 최종적으로 보여주고 있는 것을 알 수 있습니다.

기업이 특정 사업연도의 경영성과를 당기순손익으로 볼 것인지, 아니면 총포괄손익으로 볼 것인지는 논의의 여지가 있습니다. 왜냐하면, 기타포괄손익은 당기 중에는 아직 실현되지 않은 평가손익으로서 미래의 실제 실현시점에

K-IFRS 기준 포괄손익계산서 (단위: 백만 원)		
과 목	주 석	제22기
매출	3, 28	3,312,319
매출원가	28	(1,312,531)
⋮	⋮	⋮

기존 K-GAAP 기준 손익계산서 (단위: 백만 원)	
과 목	제22기
Ⅰ. 매출액(주 7, 8, 24, 31)	3,363,531
Ⅱ. 매출원가(주 7, 8, 24, 28, 29)	1,375,659
⋮	⋮

당기순이익		895,128
기타포괄손익 :		
매도가능금융자산평가이익	8, 25	25,637
해외사업장환산외환차이		3,709
보험수리적이익(손실)	22	(35,016)
법인세비용차감후 기타포괄이익(손실)		(5,669)
총포괄이익		889,458
당기순이익의 귀속:		
지배회사 소유주지분		897,777
비지배지분		(2,648)
합계		895,128
총포괄이익의 귀속:		
지배회사 소유주지분		892,784
비지배지분		(3,325)
합계		889,458
주당이익:		
기본및희석주당이익	27	0

Ⅹ. 당기순이익		889,354
지배회사지분순이익(주 35)	892,396	
소수주주지분순손실(주 35)	(3,041)	
Ⅺ. 주당손익		
기본주당순이익(주 26)		0

4

서 당기손익으로 재분류될 항목이기 때문입니다. 예를 들어 자산재평가차익
은 자산을 재평가해서 나온 평가이익일 뿐 실제 자산을 처분해서 얻은 금액이
아닙니다. 그래서 관련 자산이 처분되기 전까지는 재평가잉여금의 변동분은
기타포괄손익으로 포괄손익계산서에 표시되고, 재무상태표에 기타포괄손익
누계액으로 자본항목에 표시되는 것입니다. 이러한 기타포괄손익으로는 '재
평가잉여금의 변동' 외에도 '보험수리적 손익', '해외사업장 환산외환차이',
'매도가능금융자산의 재측정손익' 등이 있습니다.

손익계산서보다 포괄손익계산서가 경영성과 측정에 더 유용

K-IFRS에서는 종전 손익계산서를 확장해서 포괄손익계산서를 기업의 경영성과표로 정했습니다. 이는 당해연도 당기순손익에는 영향을 미치지 않지만, 미래의 당기손익이나 이익잉여금에 영향을 미치게 될 항목도 투자자의 합리적 의사결정에 유용한 정보라고 인식하기 때문입니다. 따라서 투자자들도 경영성과를 분석할 때 지금까지는 당기순손익에만 초점을 두었다면 이제는 확장된 총포괄손익도 기업의 경영성과 분석 시 고려해야 할 것입니다.

'K사'의 2009년 기타포괄손익은 1,184억 원으로서 당기순이익의 약 14%에 달하는 큰 금액입니다. 이는 당기손익으로 인식되지는 않지만, 언젠가는 'K사'의 손익에 영향을 미칠 사항입니다. 이에 대한 주석을 살펴보면 이 중 가장 큰 비중을 차지하는 매도가능금융자산평가이익 1,011억 원의 내역을 확인할 수 있습니다. 즉, (주)신한금융지주 주식에 대한 평가이익 692억 원과 (주)셀트리온 주식에 대한 평가이익이 665억 원이 기타포괄손익의 대부분임을 알 수

있습니다. 이러한 기타포괄손익은 언제든지 'K사'의 이익으로 인식될 수 있는 부분으로서 투자자들은 당기순이익 이외에도 총포괄손익에서도 기업의 수익성에 대한 유용한 정보를 얻을 수 있음을 알 수 있습니다.

〈 'K사'의 2009년 연결포괄손익계산서〉

(단위: 원)

과 목	주 석	제23(당)기	제22(전)기
매출	3, 28	3,626,353,016,443	3,312,319,168,326
매출원가	28	(1,553,264,055,882)	(1,312,531,629,514)
매출총이익		2,073,088,960,561	1,999,787,538,812
기타수익	24	61,496,087,260	118,859,424,772
판매비와관리비	24	(847,724,793,250)	(809,681,260,973)
사내근로복지기금출연금		(19,500,000,000)	(21,000,000,000)
기타비용	24	(111,624,839,643)	(50,061,218,580)
영업이익	3	1,155,735,414,928	1,237,904,484,031
금융수익	25	12,853,280,661	21,251,667,217
금융원가	25	(6,525,877,085)	(13,711,214,420)
순금융수익(원가)	25	6,327,403,576	7,540,452,797
관계회사의 당기순손익에 대한 지분 증가	7	6,514,412	6,075,853
관계회사의 당기순손익에 대한 지분 감소	7	(191,263,472)	(323,553,180)
법인세비용차감전이익		1,161,878,069,444	1,245,127,459,501
법인세비용	26	(311,783,741,194)	(349,998,896,168)
당기순이익		850,094,328,250	895,128,563,333
기타포괄손익:			
매도가능금융자산평가이익	8, 25	101,055,497,046	25,637,184,731
해외사업장환산외환차이		(3,043,811,453)	3,709,790,043
보험수리적이익(손실)	22	20,415,734,829	(35,016,639,238)
법인세비용차감후기타포괄이익(손실)		118,427,420,422	(5,669,664,464)
총포괄이익		968,521,748,672	889,458,898,869
당기순이익의 귀속:			
지배회사 소유주지분		851,090,631,813	897,777,026,401
비지배지분		(996,303,563)	(2,648,463,068)
합계		850,094,328,250	895,128,563,333
총포괄이익의 귀속:			
지배회사 소유주지분		968,973,378,720	892,784,733,799
비지배지분		(451,630,048)	(3,325,834,930)
합계		968,521,748,672	889,458,898,869
주당이익:			
기본및희석주당이익	27	6,630	6,899

〈매도가능금융자산에 대한 주석 공시〉

2) 당기 말과 전기 말 및 전기 초 현재 매도가능금융자산의 내역은 다음과 같습니다.

(단위: 백만 원)

구 분	제23(당)기 말	제22(전)기 말	제22(전)기 초
매도가능채무상품:			
－국채및공채	2,196	2,280	2,220
－회사채	2,040	2,030	2,000
매도가능채무상품 소계	4,236	4,310	4,220
매도가능지분상품:			
상장주식			
－(주)와이티엔	38,967	37,249	28,366
－크리스탈지노믹스(주)	1,748	1,722	1,791
－(주)오스코텍	780	748	1,396
－(주)신한금융지주	173,161	103,950	187,250
－Rexhan Pharmaceuticals, Inc.	4,878	5,196	－
－(주)셀트리온	195,462	129,005	－
－(주)진매트릭스	708	－	－
상장주식 소계	415,704	277,870	218,803
비상장주식			
－Rexhan Pharmaceuticals, Inc.	－	－	5,158
－(주)셀트리온	－	－	21,245
－드림허브프로젝트금융투자(주)	15,975	15,000	75
－Migami, Inc.	3,365	2,831	1
－(주)진매트릭스	－	1,500	1,500
－기타 매도가능지분상품	4,760	2,759	1,762
비상장주식 소계	24,100	22,090	29,741
매도가능지분상품 소계	439,804	299,960	248,544
매도가능금융자산 합계	444,040	304,270	252,764

K-IFRS에서의 수익과 K-GAAP에서의 매출

   K-IFRS는 포괄손익계산서도 재무상태표와 마찬가지로 최소한의 계정과목만을 구분하여 표시하도록 하고 있습니다. 기업은 여기에서 정하고 있는 필수항목 이외에 각각의 필요에 따라 계정과목을 추가하거나 중간합계를 표시할 수 있음은 재무상태표에서 살펴본 바와 같습니다. 다음은 K-IFRS에서 정하고 있는 포괄손익계산서의 필수 표시항목입니다.

◯ K-IFRS의 포괄손익계산서 필수 표시항목
- 수익
- 금융원가
- 지분법 평가손익
- 법인세비용
- 중단영업 관련 손익
- 당기순이익
- 성격별 기타포괄손익
- 지분법 투자자산 관련 기타포괄손익
- 총포괄손익

Chapter

4

   기존 K-GAAP에서의 '매출'에 상응하는 개념으로서 K-IFRS에서는 '수익'이라는 계정과목이 포괄손익계산서에 표시됩니다. 그러나 K-IFRS에서의 수익은 기존 K-GAAP에서의 매출과 그 개념에서 약간의 차이가 있습니다. 즉, K-IFRS에서의 수익은 기존 K-GAAP에서의 매출에 해당하는 '재화의 판매'와 '용역의 제공'뿐 아니라 이자수익과 로열티수익 및 배당수익 등을 포함하는 개념입니다. 기존 K-GAAP에서는 이러한 이자수익 등을 영업외수익에 포함해 왔습니다. 따라서 투자자들은 K-IFRS에서 작성된 손익계산서의 수익을 기존 K-GAAP와 동일한 기준에서 파악하고자 한다면 이자수익이나 로열티수익 등의 금액을 차감한 금액을 가지고 비교해야 함을 유의해야 합니다.

두 가지 형태로 나뉘는 포괄손익계산서의 비용 표시방식

기존 K-GAAP에서는 손익계산서상의 비용과목을 기능별로 표시하도록 하고 있습니다. 이에 반해 K-IFRS에서는 기능별 표시방법과 성격별 표시방법의 두 가지를 모두 사용할 수 있게 하고 있습니다. 두 가지 형태의 비용 표시방법을 예시하면 다음과 같습니다.

〈비용의 기능별 분류와 성격별 분류의 비교〉

기능별 비용분류		성격별 비용분류	
수익	X	수익	X
매출원가	(X)	기타수익	X
매출총이익	X	제품과 재공품의 변동	(X)
기타수익	X	원재료와 소모품의 사용액	(X)
물류원가	(X)	종업원급여 비용	(X)
관리비용	(X)	감가상각비와 기타상각비	(X)
기타비용	(X)	기타비용	(X)
		총비용	(X)
법인세비용차감전 순이익	X	법인세비용차감전 순이익	X
법인세비용	(X)	법인세비용	(X)
당기순손익	X	당기순손익	X
기타포괄손익	X	기타포괄손익	X
총포괄손익	X	총포괄손익	X

독자 여러분은 두 가지 분류방법의 차이점을 이해하시겠습니까? '법인세비용차감전 순이익'이 산출된 이후에는 두 방법 간에 차이점이 없습니다. 차이점은 '법인세비용차감전 순이익'이 산출되기까지 비용을 분류하는 방식입니다. 기능별 분류방법은 '매출원가법'이라고도 불리는데, 이는 비용 중 매출에 대응하는 비용만을 별도 항목인 매출원가로 분류하는 방법입니다. 매출원가뿐 아니라 그 기능이 관리비용인지 물류비용인지를 따져 판매관리비 등 비용의 기능을 기준으로 분류하고 있습니다. 이에 반해 성격별 분류방법은 그 비용이 매출에 대응하는 비용이든, 관리비용에 해당하든지 간에 성격이 동일한 비용이면 이를 동일한 항목으로 모아 표시하는 방법입니다.

종업원급여를 예로 들어 설명하겠습니다. 기능별 분류방법에서는 종업원의 기능이 생산직인지 관리직인지에 따라 생산직 직원의 급여는 매출에 대응하는 매출원가로 분류하고 관리직 직원의 급여는 관리비용으로 분류합니다. 그러나 성격별 비용 분류방법에서는 종업원의 기능을 구분하지 않고 '종업원급여'라는 단일 항목으로 총비용에 포함합니다. 기능별로 분류된 종업원급여가 통합된 금액으로 나타남으로써 재무제표 이용자가 해당 기업의 종업원급여비용 전체 금액을 한눈에 알 수 있습니다.

기능별 분류방법을 선택한 경우에는 성격별 비용의 주석 공시 의무화

기업의 경영진은 두 가지 방법 중 개별기업의 업종이나 특성을 고려하여 한 가지를 선택할 수 있습니다. 또한, 기능별로 분류한 경우에는 주석에 성격별 비용을 반드시 공시해야 합니다. 왜냐하면, 성격별 비용분류법이 미래 현금흐름 예측에 보다 유용하기 때문입니다. 그러나 지금까지 기존 K-GAAP의 기능별 분류방법에 익숙한 기업 입장에서는 성격별 분류가 부담스러울 수 있으며, 재무정보를 집계하는 시스템도 별도로 구축해야 하므로 추가부담으로 작용할 수 있습니다. 실제로 2009년에 K-IFRS를 조기 도입한 기업들의 경우 대부분 기능별 분류방법을 따르고 있는 것을 알 수 있습니다.

다음은 'K사'가 실제 K-IFRS를 적용하여 작성한 포괄손익계산서와 종업원 급여에 대한 주석사항의 일부입니다. 'K사'는 기능별 분류에 의해 포괄손익계산서를 작성하고 있다는 것과 주석사항에 계정과목별 세부내역을 공시하고 있음을 알 수 있습니다.

여기에서 K사는 기능별 비용 분류방법에 따라 포괄손익계산서를 작성함으로써 종업원급여가 '매출원가'와 '판매비와 관리비'에 녹아 들어가 있으나, 주석사항을 통해 성격별 비용이 공시됨으로써 종업원급여 총액을 알 수 있습니다.

〈 'K사'의 포괄손익계산서 및 주석 일부〉

(단위: 원)

과 목	주 석	제23(당)기	제22(전)기
매출	3, 28	3,626,353,016,443	3,312,319,168,326
매출원가	28	(1,553,264,055,882)	(1,312,531,629,514)
매출총이익		2,073,088,960,561	1,999,787,538,812
기타수익	24	61,496,087,260	118,859,424,772
판매비와관리비	24	(847,724,793,250)	(809,681,260,973)
사내근로복지기금출연금		(19,500,000,000)	(21,000,000,000)
기타비용	24	(111,624,839,643)	(50,061,218,580)
영업이익	3	1,155,735,414,928	1,237,904,484,031
금융수익	25	12,853,280,661	21,251,667,217
금융원가	25	(6,525,877,085)	(13,711,214,420)
순금융수익(원가)	25	6,327,403,576	7,540,452,797
관계회사의 당기순손익에 대한 지분 증가	7	6,514,412	6,075,853
관계회사의 당기순손익에 대한 지분 감소	7	(191,263,472)	(323,553,180)
법인세비용차감전이익		1,161,878,069,444	1,245,127,459,501
법인세비용	26	(311,783,741,194)	(349,998,896,168)
당기순이익		850,094,328,250	895,128,563,333
기타포괄손익:			
매도가능금융자산평가이익	8, 25	101,055,497,046	25,637,184,731
해외사업장환산외환차이		(3,043,811,453)	3,709,790,043
보험수리적이익(손실)	22	20,415,734,829	(35,016,639,238)
법인세비용차감후기타포괄이익(손실)		118,427,420,422	(5,669,664,464)
총포괄이익		968,521,748,672	889,458,898,869

24. 영업이익

(1) 종업원급여

당기와 전기 중 종업원급여의 내역은 다음과 같습니다.

(단위: 백만 원)

구 분	제23(당)기	제22(전)기
급여	408,924	397,954
퇴직급여원가	41,541	30,672
복리후생비	41,815	48,344
합계	492,280	476,970

포괄손익계산서에는 영업손익이 표시되지 않을 수도 있다

기존 K-GAAP의 손익계산서에서 영업손익은 기업의 본질적인 영업활동의 결과로서 많은 투자자가 이용하는 주요 손익지표 중 하나로 기능하여 왔습니다. 실제로 영업외손익이나 법인세비용 등이 감안된 당기순이익에 비해 기업 고유의 영업활동으로 인한 손익지표인 영업이익(손실)이 기업 수익성의 본질을 파악하는 보다 유용한 지표라고 할 수 있을 것입니다.

그런데 K-IFRS에서는 영업손익에 대한 별도의 정의가 존재하지 않습니다. 따라서 기업 입장에서는 영업손익을 포괄손익계산서에 반드시 기재하여야 하는 것은 아닙니다. 그러나 기업은 자율적으로 영업활동 성과를 중간합계로 공시하는 등 포괄손익계산서에 영업손익을 표시할 수 있습니다.

영업손익 산출방식이 기업 간에 서로 다를 수 있으므로 주석을 통해 산출내역을 확인해야

또한, K-IFRS에서는 영업손익과 영업외손익을 구분하여 표시하라고 요구하지 않습니다. 양자를 구분한 경우에도 어떤 항목을 영업손익에 포함할지 또는 영업외손익에 포함할지는 기업의 특성과 상황을 고려하여 자율적으로 판단할 수 있도록 하고 있습니다. 그러나 어떤 상황에서도 기업은 영업손익 산출내역을 주석으로 공시하도록 함으로써 투자자들은 포괄손익계산서의 영업손익 표시 여부와 상관없이 주석사항을 반드시 참고해야 할 것입니다. 즉, 투자자들은 기업마다 영업손익 산출방법이 상이할 수 있으므로 이러한 비교 가능성 문제를 해소하기 위해 관련 주석내용을 충분히 파악할 필요가 있습니다.

실제로 2009년에 K-IFRS를 조기 도입한 상장법인 14개사의 2009년 포괄
손익계산서를 분석한 결과, 14개사 모두 영업이익을 표기하고 있는 것을 알
수 있습니다. 이들 중 6개사는 영업이익을 종전 K-GAAP에서의 산출방식과
같이 매출총이익에서 판매관리비를 가감하여 계산하고 있습니다. 나머지 8개
사는 매출총이익에서 판매관리비뿐 아니라 기존 K-GAAP 상의 영업외 수
익ㆍ비용까지 가감하여 영업이익을 산출하고 있습니다. 이 경우 8개사는 가감
한 영업외 수익ㆍ비용의 내역을 주석에 상세히 기재함으로써 종전 K-GAAP
방식에 의한 영업이익의 산출도 가능하도록 하고 있습니다.

〈2009년 K-IFRS 조기 도입 기업 14개사의 영업이익 산출방식〉

매출총이익 − 판관비	매출총이익 − 판관비 ± 영업외 수익ㆍ비용
6개사	8개사

IFRS 관련 신문기사 읽기

'IFRS 시대'······ 투자기준이 바뀐다

전문가들은 1분기 삼성전자의 영업이익 항목이 다른 곳과 달랐다는 점에 주목했다. 삼성전자는 외환관련 손익을 영업외 부분으로 처리했지만, 삼성의 다른 계열사나 LG전자 등 LG 계열사 등 그 외 기업은 외환관련 손익이 영업이익에 반영됐다.

한 증권사 연구원은 "삼성전자는 외환관련 손익을 '자금조달' 측면에서 계산했지만 다른 기업들은 영업활동과 관련 있는 것으로 본 것"이라며 "환율이 오를 수도 내릴 수도 있어 외환수지의 영업이익 포함 여부가 실적에 좋다·나쁘다고 단정지을 수 없다"고 말했다.

최근 LG전자에는 외환관련 손익을 영업이익에 반영한 것이 오히려 악재가 됐다. 지난달 말 10만 4,000원이던 주가는 이달 들어 10%가량 떨어졌다. TV·휴대전화 부진 외에도 원/달러 환율상승으로 2분기 대규모 외화환산손실이 날 것이란 전망이 주가를 끌어내렸다.

○○○ NH투자증권 연구원은 "LG전자는 IFRS를 적용해 외환관련 손익이 영업이익에 포함되면서 향후에도 환율에 따른 영업이익 변동이 클 것"이라며 "1분기 기준 외환차입금이 약 1조 7,000억 원인데 2분기 중 외환관련 손실을 2,000억 원으로 추정하면 글로벌 영업이익은 기존 전망 대비 1,084억 원 감소한다"고 말했다.

(머니투데이, 2010.6.24)

예전에 비해 기업에 자율성을 부여함으로써 기업의 실질을 보다 잘 나타내도록 하는 점은 K-IFRS의 장점이라고 할 수 있으나, 투자자들이 한눈에 기업 간의 영업손익을 비교하기 어려워진 점은 K-IFRS의 한계로 보입니다.

Section

03 K-IFRS에서의 현금흐름표

현금흐름표는 현금 유출입을 그 원천별로 분류하여 표시하는 재무제표입니다. K-IFRS에서의 현금흐름표는 현금 유출입의 원천에 대해 기업이 재량권을 갖고 판단할 수 있는 여지를 부여하고 있습니다. 여기서는 K-IFRS와 K-GAAP의 현금흐름표와 관련하여 주요 차이점을 알아보도록 하겠습니다.

기업이 현금흐름의 성격을 판단하여 현금흐름 유형 분류

독자 여러분은 흑자도산이라는 말을 들어보셨을 것입니다. 흑자도산이란 손익계산서상으로는 흑자기업이지만 기업의 유동성, 즉 자금이 일시적으로 부족하여 도산하는 경우를 의미합니다. 이러한 경우 발생주의 관점의 손익계산서 못지않게 현금주의 관점에서 기업의 현금 창출능력을 평가할 수 있는 재무제표로서 현금흐름표의 중요성이 부각된다고 할 수 있습니다.

> ○ **발생주의와 현금주의 회계**
> 수익과 비용을 인식하는 방법으로서 발생주의는 현금수수와 관계없이 수익은 실현되었을 때, 비용은 발생되었을 때 인식하는 방법. 이와 달리 현금주의는 현금의 수취와 지급시점에서 수익과 비용을 인식함

현금흐름표는 회계 기간에 발생한 현금의 유입과 유출 내용을 각각 그 원천에 따라 영업활동으로 인한 현금흐름, 투자활동으로 인한 현금흐름 및 재무활동으로 인한 현금흐름으로 분류하여 보여주는 재무제표입니다.

Chapter

4

K-IFRS와 기존 K-GAAP는 구체적으로 어떻게 다를까? >>>

만일 기업이 금융기관으로부터 단기차입금을 사용한 대가로서 이자를 지급하였다면 이는 영업활동과 재무활동 중 어떠한 활동으로 인한 현금유출로 분류할 수 있을까요? 기존 K-GAAP에서는 이러한 이자의 지급을 비롯하여 이자의 수취 및 배당금수입을 영업활동으로 분류하였습니다. 반면에 배당금을 지급한 경우에는 재무활동으로 인한 현금흐름으로 분류하고 있습니다.

그러나 K-IFRS에서는 이자와 배당금의 수취 및 지급에 따른 현금흐름의 분류를 기업이 선택할 수 있도록 하고 있습니다. 이러한 경우 경영진의 판단이 필요하며, 일단 분류에 대해 선택을 하게 되면 기간 간 비교 가능성을 위해 매 기간 일관성 있게 현금흐름을 분류해야 합니다. 독자들은 동일한 기업 경영활동이 현금흐름표에 표시될 때, 경우에 따라 기업별로 상이하게 분류될 수 있음을 유의해야 할 것입니다.

또한, 기존 K-GAAP에서는 유가증권의 취득 및 처분에 따른 현금흐름을 투자활동으로 인한 현금흐름에 포함하고 있습니다. 반면에 K-IFRS에서는 단기매매 목적으로 보유하는 유가증권이나 대출채권은 판매 목적으로 취득한 재고자산과 유사하다고 보고 그 자산에서 발생하는 현금유입과 현금유출을 영업활동으로 인한 현금흐름으로 분류하고 있습니다.

다음 표는 'K사'가 실제 K-IFRS를 적용하여 작성한 현금흐름표의 일부입니다. 'K사'는 이자 및 배당의 수취와 지급을 모두 투자 및 재무활동으로 인한 현금흐름으로 분류하고 있는 것을 알 수 있습니다.

〈 'K사'의 현금흐름표 중 일부〉

과 목	주 석	제23(당)기	제22(전)기
영업활동현금흐름			
영업에서 창출된 현금	32	1,183,841,601,030	1,063,379,070,604
법인세의 납부		(352,728,692,884)	(365,569,494,575)
영업활동순현금흐름		**831,112,908,146**	**697,809,576,029**
투자활동현금흐름			
이자의 수취		10,720,744,023	17,453,017,597
배당금의 수취		215,269,250	3,458,242,500
유형자산의 처분		18,637,558,519	23,107,435,905
무형자산의 처분		63,941,800	35,454,546
매도가능금융자산의 처분		2,346,424,002	348,697,450
지분법적용투자자산의 처분		1,105,000	–
종속회사투자의 처분		–	281,547,393
대여금의 회수		25,671,021,000	29,162,192,910
보증금의 회수		17,307,850,776	12,275,397,109
유형자산의 취득		(152,247,787,868)	(205,649,383,179)
무형자산의 취득		(5,892,155,039)	(6,382,349,250)
투자부동산의 취득		(323,428,649)	(222,063,175)
지분법적용투자자산의 취득		(500,000,000)	(500,000,000)
매도가능금융자산의 취득		(11,995,498,846)	(19,098,800,280)
대여금의 증가		(10,403,211,768)	(22,607,410,000)
보증금의 증가		(20,187,193,008)	(18,401,218,583)
장기예치금의 증가		(18,054,900,834)	(17,895,038,787)
파생상품거래의 정산		(4,409,800,000)	(6,319,700,000)
기타투자활동현금흐름		654,499,364	(665,921,938)
투자활동순현금흐름		**(148,395,562,278)**	**(211,619,899,782)**
재무활동현금흐름			
이자의 지급		(4,976,255,374)	(4,254,721,431)
배당금의 지급		(360,356,640,000)	(340,449,174,000)
단기차입금의 증가		75,261,600,006	80,905,000,120
장기차입금의 증가		–	22,000,000
임대보증금의 증가		2,953,171,200	4,375,564,660
단기차입금의 상환		(83,227,089,936)	(64,735,943,690)
장기차입금의 상환		(280,400,000)	(210,300,000)
임대보증금의 감소		(3,592,542,400)	(5,898,330,660)
자기주식의 취득		(103,998,911,970)	(194,128,092,540)
재무활동순현금흐름		**(478,217,068,474)**	**(524,373,997,541)**
현금및현금성자산의 순증가		204,500,277,394	(38,184,321,294)
기초 현금및현금성자산		110,244,857,799	146,217,856,286
외화표시 현금및현금성자산의 환율변동효과		1,926,628,440	2,211,322,807
기말 현금및현금성자산		**316,671,763,633**	**110,244,857,799**

복수의 사업을 영위하는 기업의 영업실적과 재무상태를 재무상태표와 포괄
손익계산서만으로 파악하는 데에는 분명히 한계가 있을 것입니다. 이러한
경우, 회사가 내부적으로 관리하는 영업부문별로 영업실적과 재무상태를 알
수 있다면, 이러한 한계를 어느 정도 극복할 수 있을 것입니다. K-IFRS에서
정한 영업부문의 개념을 알아보도록 하겠습니다.

연결재무제표의 계정과목을 영업부문별로 파악할 필요가 있다

일반적으로 대기업은 복수의 사업부문을 가지고 있어 부문별로 전략을 수
립하고 성과평가를 하고 있습니다. 이 경우 영업부문별로 구체적인 재무정보
가 제공된다면 투자자의 의사결정에 큰 도움이 될 것입니다. 즉, 영업부문별로
제공되는 정보를 통하여 투자자는 부문별 해당 업종 혹은 경쟁기업의 재무정
보와 비교, 분석함으로써 합리적인 의사결정을 내릴 수 있을 것입니다.

예를 들어, 2009년에 K-IFRS를 조기 도입한 'K사'는 담배사업 외에도 인
삼사업부문과 부동산사업부문 등을 보유하고 있습니다. 만일 영위하는 영업부
문별로 자산 · 부채 현황과 매출 · 손익현황을 알 수 있다면, 투자자들은 'K사'
에 대해 보다 합리적인 투자의사결정을 내릴 수 있을 것입니다. 더욱이 이러한
영업부문별 현황을 그 기업이 실제 최고 영업의사결정자에게 보고하는 금액으
로 공시한다면, 투자자는 회사 내부보고 수준의 신뢰성 있는 정보에 근거하여
경제적 의사결정을 내릴 수 있게 됩니다. K-IFRS에서는 지배회사의 경우 연
결재무제표 기준으로 영업부문을 식별하여 공시하도록 하고 있습니다.

기존 K-GAAP에서의 지역별·사업별 부문정보와는 다르다

여기까지 설명을 들은 투자자들은 '기존 K-GAAP에서의 재무제표 주석에서도 이와 유사한 부문별 정보가 있었던 것 같은데……' 하고 의문을 제기할 수 있을 것입니다. 그렇습니다. 기존 K-GAAP에서도 '영업부문 공시'와 유사한 공시가 있는데, 사업별 부문정보와 지역별 부문정보가 그것입니다. 즉, 기존 K-GAAP에서도 사업별 및 지역별로 매출액과 영업손익 등을 공시했습니다. 그러나 기존 K-GAAP에서의 사업별·지역별 부문정보 공시와 K-IFRS에서의 영업부문 공시는 크게 두 가지 측면에서 차이가 있습니다.

우선 K-IFRS에서는 영업부문을 식별하여 공시할 때 실제로 기업의 최고 영업의사결정자에게 보고되는 금액을 측정치로 사용하도록 강제하고 있는 반면, K-GAAP에서는 이러한 규정이 없었습니다. 따라서 K-GAAP에서 사업별 또는 지역별로 영업실적 등을 공시하더라도 이때 공시되는 수치가 반드시 기업 내부의 최고 영업의사결정자에게 보고된 수치에 근거할 필요는 없습니다. 즉, 기존의 K-GAAP에서는 단순히 기업의 편의나 업종 관행에 따라 매출 등을 사업별·지역별로 구분하여 공시하는 것이 가능했으나 K-IFRS에서는 영업부문을 공시할 경우 그 측정치가 반드시 기업 내부의 최고 영업의사결정자에게 보고되는 금액이어야 합니다.

두 번째 차이점은 기존의 K-GAAP에서 사업별·지역별 부문정보를 공시할 때에는 부문 당기손익이나 부문별 자산·부채에 대한 정보를 반드시 공시해야 하는 것은 아니었습니다. 따라서 단순히 사업별·지역별 매출액만을 공시해도 전혀 문제 되지 않았습니다. 그러나 K-IFRS에서 영업부문별 실적을 공시할 때에는 부문별 일반정보뿐 아니라 부문 당기손익과 부문별 자산·부채에 대한 정보를 반드시 포함하여 공시해야 합니다.

Chapter

4

경영진의 시각으로 회사 내부보고 수준의 정보를 접할 수 있다

　결국, K-IFRS에서의 영업부문 공시는 실제 기업이 내부적으로 구분하여 관리하고 있는 영업부문별 실적 및 재무상태를 제공하도록 함으로써 재무정보 이용자가 경영진의 시각에서 기업 실체를 파악하고 주된 영업전략을 이해하는 것이 가능하도록 하는 것입니다.

　다음은 'K사'의 사업보고서에 기재된 영업부문별 공시내역의 일부입니다.

〈 'K사'의 영업부문별 공시내역〉

3. 영업부문

(1) 연결실체의 부문별 내역은 다음과 같습니다.

구 분	영 업
담배사업 부문	담배 제조 및 판매업
인삼사업 부문	홍삼 등 제조 및 판매업
부동산사업 부문	분양 및 부동산임대업
기타사업 부문	제약 제조 및 판매업 등

(2) 당기와 전기 중 부문 매출액 등은 다음과 같습니다.

① 제23(당)기

(단위: 백만 원)

구 분	담배	인삼	부동산	기타	보고부문 합계	제거	연결 합계
총매출액	2,510,839	810,290	258,674	154,401	3,734,204	(107,851)	3,626,353
내부매출액	13,616	65,292	2,294	26,649	107,851	(107,851)	–
외부매출액	2,497,223	744,998	256,380	127,752	3,626,353	–	3,626,353
영업이익	853,767	209,243	77,455	14,843	1,155,308	427	1,155,735

(3) 당기 말과 전기 말 및 전기 초 현재 부문 자산 및 부채는 다음과 같습니다.

① 제23(당)기 말

(단위: 백만 원)

구 분	담배	인삼	부동산	기타	보고부문 합계	제거	연결 합계
자산:							
부문자산	3,305,202	841,364	157,932	112,558	4,417,056	(63,006)	4,354,050
지분법적용투자자산	723,160	8,252	–	–	731,412	(729,828)	1,584
매도가능금융자산	443,800	–		240	444,040	–	444,040
매각예정비유동자산	23,245	–		22,907	46,152		46,152
소계	4,495,407	849,616	157,932	135,705	5,638,660	(792,834)	4,845,826
공통자산							326,057
총자산							5,171,883
부채:							
부문부채	863,367	113,692	–	76,455	1,053,514	(56,978)	996,536
공통부채							167,344
총부채							1,163,880

05 연결재무제표

2011년부터 우리나라 상장법인에 적용되는 K-IFRS의 가장 큰 특징은 아마도 연결재무제표의 중요성이 증대되었다는 사실일 것입니다. 지금까지는 개별재무제표가 주 재무제표인 데 반해, K-IFRS에서는 연결재무제표가 주 재무제표가 되기 때문입니다. K-IFRS에서의 연결재무제표와 개별재무제표의 차이점, 그리고 연결재무제표 작성방법 등을 살펴보도록 하겠습니다.

법적으로는 별개, 경제적으로는 단일체

연결재무제표란 법적으로는 각각 별개의 실체인 지배회사와 종속회사를 하나의 경제적 실체로 보고 이들 재무정보를 합산하여 나타낸 재무제표를 일컫습니다.

예를 들어 A기업과 B기업은 법적으로는 독립된 별개의 기업입니다. 그런데 만일 A기업이 B기업의 주식을 50% 초과하여 취득했다고 가정하면 이때부터 A기업은 B기업을 지배하게 됩니다. 지배한다는 것은 A기업이 B기업의 재무정책과 영업정책을 결정할 수 있는 능력을 갖추고 있다는 것을 의미합니다.

이때, 법적으로는 A기업과 B기업이 각각 독립된 개별 실체이지만, 경제적으로는 단일체라고 할 수 있습니다. 이는 실제로 B기업의 영업활동에 대한 의사결정을 A기업이 하기 때문입니다. 'Chapter 3'에서 살펴보았듯이 K-IFRS의 특징 중 하나는 경제적 실질을 반영하여 회계처리를 한다는 점입니다. 이러한 맥락에서 법적인 형식보다는 경제적 실질을 회계기준에 반영하고자 하는

K-IFRS의 원칙이 연결회계기준에도 그대로 적용된다고 이해할 수 있습니다.

　K-IFRS에서는 A기업이 B기업의 주식을 50% 초과 취득하여 B기업을 지배하게 되면 A기업을 '지배회사'라고 하고 B기업은 '종속회사'라고 합니다. 이때 A기업은 연결재무제표를 작성해야 하는 연결주체가 됩니다. 기존 K-GAAP에서도 연결재무제표를 작성하고 있지만, 주 재무제표는 A기업 자체의 개별재무제표이고 연결재무제표는 보조 재무제표일 뿐이었습니다. K-IFRS의 도입으로 그동안 보조 재무제표였던 연결재무제표가 주 재무제표가 됨으로써 그 중요성이 더욱 커졌다고 할 수 있습니다.

연결재무제표는 개별재무제표에 비해 부채비율이 상승한다

　일반적으로 연결재무제표를 작성하게 되면 개별재무제표에 비해 부채비율이 상승하게 됩니다. 다음의 예를 통해 왜 그러한 현상이 나타나는지를 알아보도록 하겠습니다.

〈연결로 인한 부채비율의 상승〉

A기업의 재무상태표				B기업의 재무상태표			
투자주식	350	부채	400	기타자산	500	부채	150
기타자산	650	자본금	400			자본금	250
		이익잉여금	200			이익잉여금	100
(자산총계)	1,000	(부채와자본총계)	1,000	(자산총계)	500	(부채와자본총계)	500

A기업 + B기업(연결재무상태표)			
기타자산(650+500)	1,150	부채(400+150)	550
		자본금	400
		이익잉여금	200
	1,150		1,150

이 예에서 A기업은 B기업의 주식 100%를 B기업의 자기자본(자본금+이익잉여금)과 동일한 금액인 350을 지급하고 취득한 것으로 가정하겠습니다. 즉, A기업 개별재무제표의 350은 B기업에 대한 투자주식을 의미합니다.

연결재무제표를 작성하면 A기업의 투자주식(350)과 B기업의 순자산(자본금+이익잉여금=350)은 서로 상쇄됩니다. 연결재무상태표를 작성하게 되면 B의 자산(500)과 부채(150)를 A의 자산과 부채에 더해 주게 되는데, 그 차액인 B의 순자산(자산-부채=350)만큼 A의 자산이 증가하게 됩니다. 이때 증가분인 B의 순자산(350)은 다름 아닌 A가 가지고 있는 B의 투자주식이기 때문에 이를 상쇄하지 않으면 A의 자산은 이중으로 계상되게 됩니다. 이 과정 이후, 나머지 항목들을 합산하면 연결재무상태표가 완성됩니다.

여기에서 부채를 자기자본(자본금+이익잉여금)으로 나누어 산출되는 부채비율을 계산해 보면 A기업은 개별재무제표 기준으로는 67%(400÷600)이나, 연결재무제표 기준으로는 92%(550÷600)로 부채비율이 상승하게 됩니다. 이 사례에서 보듯이 연결재무상태표 상의 부채비율은 개별재무상태표 상의 부채비율보다 더 높은 것이 일반적인 현상입니다. 따라서 투자자는 향후 주 재무제표가 연결재무제표로 변경될 경우 부채비율이 상승한다는 것에 유의해야 하겠습니다.

연결재무제표를 작성하면 회계의 투명성이 증대된다

일반적으로 연결재무제표를 작성하게 되면 회계의 투명성과 신뢰도가 높아지게 된다고 합니다. 왜 그럴까요? 이는 연결재무제표 작성 시 지배회사와 종속회사 사이의 내부거래를 제거하기 때문입니다. 사례를 이용하여 연결재무제표로 인해 회계의 투명성이 증대되는 효과를 살펴보도록 하겠습니다.

> ❯ **내부거래**
> 하나의 기업 내부에서 재화나 용역의 이동에 의한 거래
> 경제적 단일체인 지배회사와 종속회사 간의 거래는 내부거래에 해당함

A기업이 B기업의 주식 100%를 취득하여 B기업의 지배회사가 되었다고 가정하겠습니다. 만일 이 상태에서 개별재무제표가 주 재무제표라고 하면 A기업은 B기업과의 매출을 통해 자신의 개별재무제표를 유리하게 작성할 수 있습니다.

A기업이 B기업에 원가 300의 상품을 500에 팔았으나, B기업은 A기업으로부터 매입한 상품을 창고에 그대로 쌓아두는 경우가 문제가 됩니다. A기업은 당연히 자체 개별재무제표에 B기업에 대한 매출(500)과 매출원가(300)를 기록하여 당기순이익을 실현할 것입니다. 그런데 종속회사인 B기업이 A기업으로부터 매입한 상품을 제삼자에게 판매하지 못하고 창고에 쌓아두었다면 이것을 과연 A기업의 매출로 볼 수 있을까요?

동일한 경제적 실체 내에서의 내부거래 제거

A기업과 B기업은 경제적으로 하나의 실체이기 때문에 이러한 유형의 매출은 그 실질에서 실제 매출이 아닙니다. 결국, A기업이 경제적 단일체에 속한 B기업에 판매한 상품이 외부에 매출되지 못했기 때문에 연결재무제표를 작성하게 되면 이러한 거래는 내부거래에 해당하여 제거됩니다.

Chapter

4

연결재무제표 상에서는 A기업의 B기업에 대한 매출(500)은 제거되는 반면, 개별재무제표에서는 A기업이 B기업에 판매한 상품(500)은 A기업의 손익계산서 상에 매출로 기록됩니다. 따라서 연결재무제표는 회계의 투명성 증대와 직결되는 회계기준이라고 할 수 있습니다.

〈연결로 인한 내부거래의 제거〉

A기업의 손익계산서		B기업의 손익계산서	
매출액	1,200	매출액	600
매출원가	(800)	매출원가	(400)
매출총이익	400	매출총이익	200
영업비용	(200)	영업비용	(100)
당기순이익	200	당기순이익	100

A기업+B기업(연결손익계산서)	
매출액	(1,200 − 500) + 600 = 1,300
매출원가	(800 − 300) + 400 = (900)
매출총이익	400
영업비용	200 + 100 = (300)
당기순이익	100

이 예에서 A기업의 개별재무제표 상 매출액 1,200 중에서 500은 B기업에 매출한 것입니다. 따라서 B기업이 외부에 동 상품을 판매하지 못했더라도 A기업의 개별재무제표에서는 당기순이익 200을 실현한 것처럼 보입니다.

A와 B의 외부로 매출이 일어나지 않는다면 이는 진정한 매출이라고 볼 수 없습니다. A와 B는 실질적으로 하나의 기업이기 때문입니다. 예컨대 바지 왼쪽 주머니 속의 100원을 오른쪽 주머니로 이동시키고 다시 반대로 옮겨도 내가 가지고 있는 돈은 100원일 뿐 돈이 늘어난 것은 아닙니다.

연결재무제표에서는 이러한 내부거래가 제거됩니다. 앞의 연결재무제표 상 당기순이익은 내부거래가 제거됨으로써 당기순이익이 100에 불과합니다. 결국, A기업이 B기업에 판매한 상품이 내부거래에 해당하여 제거됨에 따라 연결재무제표에서는 A기업과 B기업을 연결한 경제적 단일체의 실제 매출과 순이익이 그 모습을 드러내게 된 것입니다.

연결대상기업은 어떤 기준에 의해 정해질까?

그렇다면 연결대상 종속회사를 결정하는 연결범위는 어떤 기준에 의해 정해질까요? 만일 송속회사를 지배회사 마음대로 정한다면 연결실체의 투명한 모습을 드러내고자 하는 연결재무제표의 의미가 사라질 것입니다. 왜냐하면, 지배회사는 자신에게 유리한 회사만을 포함하고 불리한 회사는 연결범위에서 제외할 것이기 때문입니다.

K-IFRS에서는 연결범위를 몇 가지 기준에 의해 결정하도록 하고 있습니다. 그 첫 번째는 의결권 기준으로서 다른 회사의 의결권이 있는 주식 등을 50%

초과하여 소유하면 지배력이 있는 것으로 보아 연결대상에 포함하고 있습니다. 기존 K-GAAP에서 정한 30% 초과이면서 최다출자자 조건과는 차이가 있습니다. 또한, 지분율이 50%에 미달하더라도 이사회 등 의사결정기구 구성원의 과반수에 대한 임면권 등 실질적인 지배력을 가지고 있거나, 사실상 지배력 기준에 해당하는 경우에도 연결범위에 포함하고 있습니다. 이와 관련된 내용은 앞의 'Chapter 3'의 'Section 1(연결 중심의 공시체제)'의 표를 참고하시기 바랍니다. K-IFRS에서 정한 종속회사에 대한 지배력 판단기준의 자세한 내용은 기준서(제1027호)에서 확인할 수 있습니다.

이러한 기준과 달리 종속회사를 예외 없이 연결범위에 포함하지 않고 지배회사에 유리한 기업만을 대상으로 연결재무제표를 작성한다면 외부감사인은 감사보고서에 적정의견을 표명하기가 어려울 것입니다. 따라서 독자들은 감사보고서 등의 주석사항에 포함된 연결범위를 확인하고 특별히 감사의견에 이에 대한 특이사항이 없는지 살펴볼 필요가 있습니다.

특수목적회사나 소규모 기업도 연결대상에 해당

기존 K-GAAP에서는 특수목적회사와 자산총액 100억 원 미만의 소규모 기업은 연결대상에서 제외하고 있습니다. 그러나 K-IFRS에서는 자산유동화 전문회사와 같은 특수목적회사도 활동, 의사결정, 효익, 위험 등 일정요건을 충족할 경우 연결대상에 포함하고 있습니다. 또한, 자산총액 100억 원 미만의 소규모 기업도 그 규모와 상관없이 지배력을 행사하고 있으면 연결대상에 포함됩니다. 결국, K-IFRS에서는 실질적 지배력에 근거하여 연결대상 포함 여부를 결정함으로써 보다 완전한 연결재무제표 작성이 가능하게 되었다고 할 수 있습니다.

IFRS 관련 신문기사 읽기

기업 실적으로 본 IFRS 관전 포인트

K-IFRS의 또 다른 특징으로는 계열사 간 부품납품 같은 중간매출이 걸러진다는 장점도 이번 조사에서 나타났다. 예컨대 신일산업은 기존 방식으로 했을 때 매출액이 100억 원이었으나, K-IFRS로 하면 1억 원가량 매출이 줄었다.

중국현지법인에서 생산한 것을 국내법인이 단순 구매했을 경우는 매출로 인식하지 않았다는 게 한국거래소의 설명이다.

(머니투데이, 2010.6.2)

Chapter

4

여전히 중요한 개별재무제표

그렇다면 K-IFRS 도입으로 개별재무제표는 그 의미를 상실하고 오직 연결재무세표만이 중요해신 실까요? 그렇지 않습니다. 개별재무제표는 여전히 유용한 정보를 제공하고 있습니다. 예를 들어 지배회사의 주주들은 연결재무제표 상의 이익잉여금을 배당 가능한 금액으로 오해할 수 있습니다. 그러나 실제로는 지배회사의 개별재무제표 상의 이익잉여금이 지배회사의 주주들에게 배당 가능한 금액입니다. 채권자도 연결실체가 아닌 개별기업에 한하여 채권에 대한 청구권을 갖습니다.

종속회사의 주주 중 지배회사를 제외한 나머지 주주인 비지배주주도 그들의 투자대상은 지배회사가 아니고 종속회사입니다. 따라서 종속회사의 비지배주주들의 투자의사 결정에는 연결재무제표보다는 종속회사의 개별재무제표가 보다 유용한 정보가 될 것입니다.

이렇듯 연결재무제표 중심의 공시체계가 도입되더라도 이는 어디까지나 경제적 실체 개념에 근거한 것입니다. 법적 실체 개념에 근거한 지배회사의 개별재무제표는 여전히 필요한 정보입니다. 특히 개별재무제표는 배당이나 세금계산 등의 목적으로 사용되기 때문에 반드시 필요하다고 할 수 있습니다.

06 사업결합

기업이 지속적으로 성장하기 위해서는 사내에 이익을 적립하거나, 대외적으로는 다른 기업을 인수하여 영업규모를 확대해 나가는 방법을 선택하게 됩니다. 이 중 다른 기업과 결합하는 방법은 M&A, 즉 합병과 주식인수의 방법이 있습니다. K-IFRS에서의 M&A 관련 회계처리가 기존의 K-GAAP와 어떠한 차이가 있는지 살펴보도록 하겠습니다.

공정가치 평가 원칙으로 사업결합회계의 비교 가능성 제고

기존 K-GAAP에서는 사업결합 회계처리 시 매수법(Purchase Method)과 지분통합법(Pooling of Interests Method)의 2가지 방법이 사용되었습니다. 취득기업과 피취득기업이 구분되지 않을 때는 장부가액으로 평가하는 지분통합법을 사용해서 회계처리를 하고, 그 외에는 취득기업이 피취득기업의 자산과 부채를 공정가치로 취득하는 매수법을 사용해왔습니다.

지분통합법은 취득기업과 피취득기업이 구분되지 않으므로 취득기업과 피취득기업의 자산, 부채 장부금액을 그대로 합산하는 방법입니다. 그러나 'Chapter 3'에서 살펴보았듯이 K-IFRS에서는 자산과 부채에 대해 공정가치로 평가하는 것을 확대하고 있습니다. 이에 따라 사업결합 시에도 피취득기업의 자산과 부채를 공정가치로 취득하는, 기존의 매수법에 해당하는 취득법만을 인정하고 있습니다. 따라서 사업결합 회계처리는 모두 취득법으로 회계처리 함에 따라 M&A 회계처리의 비교 가능성이 제고되었습니다.

Chapter

4

지분통합법은 자산, 부채의 장부금액을 단순 합산

　지분통합법과 취득법의 차이를 사례를 들어 살펴보도록 하겠습니다. 지분통합법은 자산과 부채 및 자본총액을 합병 당사 기업들의 장부금액 기준으로 그대로 합산하여 구합니다. 이는 어느 기업이 취득기업 혹은 피취득기업인지 불명확할 때 사용하는 회계처리 방법으로서, 어느 일방 기업이 다른 상대방 기업을 매수하는 상황이 아닙니다. 대등합병처럼 하나의 기업이 상대 기업에 대한 지배력을 획득했는지 합리적으로 파악하기 어려운 경우에 사용하는 방법입니다.

〈지분통합법에 의한 사업결합의 회계처리〉

A기업의 재무상태표			B기업의 재무상태표		
자산	100	부채	50	자산	80	부채	40

A기업의 재무상태표				B기업의 재무상태표			
자산	100	부채	50	자산	80	부채	40
		자본	50			자본	40
(자산총계)	100	(부채와자본총계)	100	(자산총계)	80	(부채와자본총계)	80

A기업 + B기업(합병재무상태표)			
자산	100 + 80 = 180	부채	50 + 40 = 90
		자본	50 + 40 = 90
(자산총계)	180	(부채와자본총계)	180

따라서 사례에서처럼 A기업과 B기업의 재무상태표 상의 장부금액을 그대로 합산하면 됩니다.

취득법은 자산과 부채를 공정가치로 취득

그러나 K-IFRS에서는 이러한 지분통합법을 인정하지 않고 취득법만을 인정하고 있는데 그 이유는 기업을 매수, 매도하는 경우에도 실제 거래되는 공정가치를 고려해야 한다는 취지에서입니다.

20년 전 1억 원에 취득한 토지의 실제 현재가치가 10억 원이라고 가정해 봅시다. 그런데 이 토지에 대한 재평가를 시행하지 않아 장부가격이 여전히 1억 원으로 기재되어 있는 경우를 생각해 보겠습니다. 기존 K-GAAP에서의 지분통합법을 따를 경우 10억 원이 아니라 장부가액인 1억 원의 취득금액을 그대로 합산함으로써 재무제표의 유용성이 상당히 떨어지게 됩니다.

그러나 앞의 'Chapter 3'에서 살펴보았듯이 K-IFRS는 자산의 공정가치 평가를 인정해 줍니다. 이는 자산과 부채의 가격을 공정가치로 공시하는 것이 투자자 등 재무제표 이용자의 합리적 의사결정에 보다 도움이 된다는 판단 때문입니다. 이러한 맥락에서 사업결합에 대한 회계처리도 공정가치로 평가하는 취득법만을 인정한다고 이해하면 될 것입니다. 다만, 동일인이 지배하는 기업이나 사업 간의 결합은 동일인이 결합 참여기업 모두를 계속하여 지배하고 있으므로 사업결합으로 보지 않습니다. 따라서 K-IFRS에서는 이 경우의 회계처리는 취득법으로 제한하고 있지 않습니다.

그럼, 다음 사례를 이용하여 취득법에 의한 회계처리를 살펴보겠습니다. 여기에서는 A기업이 B기업을 흡수합병한다고 가정하겠습니다. 취득법을 사용할 때에는 자산과 부채의 공정가치를 산정해서 회계처리 해야 합니다. 다음의 예에서 A기업과 B기업의 개별 재무상태표는 합병 직전의 재무상태표입니다.

〈취득법에 의한 사업결합의 회계처리〉

A기업의 재무상태표				B기업의 재무상태표					
				(차변)	장부금액	공정가치	(대변)	장부금액	공정가치
자산	100	부채	50	자산	80	90	부채	40	50
		자본	50				자본	40	40
(자산총계)	100	(부채와자본총계)	100	(자산총계)	80	90	(부채와자본총계)	80	90

A기업 + B기업(합병재무상태표)			
자산	(100-50) + 90 = 140	부채	50 + 50 = 100
영업권	10	자본	50
(자산총계)	150	(부채와자본총계)	150

합병 시에 A기업이 B기업 주주에게 현금 50을 지급하고 B기업을 합병하였다고 가정하겠습니다. A기업은 현금 50을 지급하고 합병하였기 때문에 합병후 자산이 50(100-50)으로 줄어들고 B기업의 자산(90)을 더해줍니다. 마찬가지로 부채는 A기업의 부채(50)에 B기업 부채의 공정가치(50)를 합산합니다. A기업은 B기업 순자산(자산-부채)의 공정가치인 40(90-50)보다 10을 더 지급하였으므로 10의 영업권이 발생하게 됩니다.

⊙ 영업권
기업을 매수할 때 피매수회사의 실제 가치를 초과하여 지급한 금액으로서 무형자산으로 분류됨

K-IFRS 도입으로 M&A 활성화 기대

앞의 사례에서처럼 취득기업이 사업결합 회계처리 시에 취득법을 적용하여 피취득기업 순자산의 공정가치보다 더 많은 금액을 지급하였다고 하면, 취득기업은 피취득기업을 매수하기 위해 프리미엄을 지급한 셈이 됩니다. 이 프리미엄은 피취득기업의 기술력, 명성, 시장점유율 등에 대한 웃돈입니다. 이 프리미엄은 회계상 영업권으로 분류하며 무형자산에 해당합니다.

기존 K-GAAP에서는 이 영업권을 20년 이내에 상각하도록 하고 있기 때문에 영업권 금액이 많은 경우, 매년 영업권의 상각금액도 많을 것이므로 당기순이익이 감소하는 상황이 지속되었습니다. 기업의 매출이나 수익성은 변하지 않았음에도 당기순이익이 감소하므로 경영자는 기존의 매수법을 부담스러워 하는 것이 일반적입니다. 이러한 이유로 경영자들은 영업권이 발생하지 않는 지분통합법을 선호하여 왔습니다.

> ◉ **영업권상각**
> 사업결합 시 초과 지급한 영업권은 무형자산으로 계상한 후 일반 자산과 마찬가지로 내용연수에 걸쳐 매년 상각함으로써, 영업권 대가로 일시에 지불한 금액을 비용으로 분할하여 인식함

그런데 K-IFRS는 지분통합법을 인정하지 않고 취득법으로 통일함으로써 사업결합회계의 비교 가능성을 제고시켰습니다. 그렇다면 K-IFRS에서 취득법의 영업권상각에 따른 손익감소의 부작용은 어떻게 대처할까요? K-IFRS는 사업결합회계를 취득법으로 단일화하는 대신 여기에서 발생하는 영업권은 상각하지 않기로 하였습니다. 영업권을 상각하지 않음으로써 당기순이익의 감소로 이어지지 않게 되었고, 그로 인해 M&A가 활성화될 것으로 예상됩니다. 그러나 영업권은 자산손상의 평가대상으로서 일시에 거액의 영업권 손상차손

Chapter

4

을 인식할 수 있으므로 유의해야 합니다.

영업권의 반대개념으로 기업결합을 할 때 피매수기업을 그 기업의 순자산가액보다 저렴하게 구입하는 경우에는 부(負)의영업권인 염가매수차익(廉價買收差益)이 발생합니다. K-IFRS에서는 염가매수차익을 매수일에 즉시 당기이익으로 인식하도록 하고 있습니다.

이로 인해, 영업권상각을 인정하지 않고 연결재무제표를 주 재무제표화하는 K-IFRS를 적용함에 따라 M&A 활성화가 더욱 가속화될 것으로 예상됩니다. 왜냐하면, 연결재무제표가 기업의 주 재무제표가 됨으로써 기업들은 우량종속회사를 확보하고 우량하지 않은 종속회사를 처분하고자 하는 유인이 커질 것이기 때문입니다.

IFRS 관련 신문기사 읽기

한은, "IFRS, 구조조정 · M&A에 기여"

국제회계기준(IFRS)이 적용되면 기업 구조조정과 인수 · 합병(M&A)도 활발해질 것이라는 전망이 나왔다.

한국은행 ○○○ 산업분석팀장은 1일 〈국제회계기준 도입에 따른 산업별 영향〉 보고서에서 이같이 언급했다. 이 보고서는 "IFRS 도입으로 연결재무제표를 주 재무제표로 삼게 돼 계열사 간 내부거래가 줄고 지분 출자구조 관련 공시도 강화되는 등 기업 구조조정에 우호적인 환경이 만들어질 것"이라고 전망했다.

또 "재무제표의 연결범위가 커지면서 자회사의 경영 실적이 모기업의 가치평가에 직접적으로 영향을 미치게 돼 부실 자회사 정리가 촉진될 것"이라고 설명했다. 한편, 기업 합병 과정의 영향에 대해서는 "합병 과정에서 지급하는 경영권 프리미엄에 대한 의무 상각 규정도 사라져 합병이 적극적으로 추진될 수 있다"고 평가했다.

IFRS는 내년부터 도입이 의무화돼 있고 현재도 일부 회사는 조기 도입을 추진, 사용 중에 있다.

(프라임경제, 2010.9.1)

Chapter

4

07 유형자산

유형자산에 대하여 기존 K-GAAP와 K-IFRS 모두 원가모형과 재평가모형 중 하나를 선택하게 함으로써 K-IFRS 도입으로 달라지는 부분은 없습니다. 그렇다면 K-IFRS 도입이 유형자산의 평가에 미치는 영향은 무엇일까요? 유형자산과 관련된 K-IFRS의 내용을 살펴보도록 하겠습니다.

유형자산 표시는 취득원가나 공정가치 중 선택 가능

기존 K-GAAP에서는 유형자산의 취득원가가 쌍방간의 거래 등 객관적인 증거에 기초한 가격으로서 회계정보의 신뢰성을 보장해 주기 때문에 2008년까지는 취득원가주의를 유지해왔습니다. 그러나 시장경제가 활성화됨에 따라 점차 시가(市價) 또는 공정가치가 투자자 및 재무제표 이용자들의 합리적인 의사결정에 더 유용한 정보가 되었습니다. 이로써 기존 K-GAAP에서도 2008년부터는 유형자산에 대해 재평가를 허용하였습니다.

K-IFRS에서는 가능한 한 모든 자산과 부채를 공정가치로 평가하여 재무제표에 표시하는 것을 원칙으로 하고 있습니다. 이러한 이유로 유형자산에 대해서 K-IFRS에서는 기존 K-GAAP와 마찬가지로 전통적인 원가모형과 재평가모형 중 기업이 선택할 수 있도록 하고 있습니다. 즉, 원가모형뿐만 아니라 유형자산에 대한 재평가를 인정하여 그때그때의 시가(공정가치)를 반영할 수 있도록 하고 있습니다.

또한, K-IFRS에서는 동일하게 분류되는 자산에 대해 어느 자산은 재평가모형을 적용하고 어느 자산은 원가모형을 적용하는 등의 자의성을 방지하기 위해 동일분류에 속하는 자산에 대해서는 동일모형을 적용하도록 하고 있습니다. 즉, 토지에 대하여 재평가모형을 적용하려면 기업이 보유하고 있는 모든 토지에 대하여 동일하게 재평가모형을 적용해야 한다는 의미입니다.

> ✪ **자산재평가**
> 물가 상승 등으로 기업 자산의 현실적 가액이 장부가액과 현저한 차이를 보일 때 자산을 그 시점에서 다시 평가하는 것

또한, 일단 재평가모형을 선택하였다면 자산의 장부금액과 공정가치가 차이 나지 않도록 주기적으로 재평가를 수행해야 합니다. 왜냐하면, 재평가모형을 선택했다는 것은 유형자산의 가액을 평가시점의 공정가치로 표시하겠다는 의미이기 때문에 수시로 공정가치를 측정하는 과정으로서 재평가를 수행해야 합니다. 그리고 일단 기업이 특정자산에 재평가모형을 적용하기로 선택했으면 이후에도 이를 일관성 있게 적용해야 합니다.

Chapter

4

재평가차액은 어떤 방식으로 손익에 반영할까?

유형자산의 재평가로 인해 장부가액이 증가한 경우에 그 증가액은 당기손익이 아닌 기타포괄손익으로 인식하고 재평가잉여금의 과목으로 자본에 가산합니다. 그러나 그 자산에 대하여 과거에 재평가감소로 인하여 당기손실로 인식한 금액이 있다면 그 금액을 한도로 당기이익으로 인식하고 나머지는 기타포괄손익으로 인식합니다.

반대로 유형자산의 장부금액이 재평가로 감소한 경우에 그 감소액은 당기손익으로 인식합니다. 그러나 그 자산에 대한 재평가잉여금 잔액이 있다면 그 금액을 한도로 재평가잉여금의 과목으로 기타포괄손익으로 인식하고 나머지 잔액만을 당기손실로 인식합니다. 참고로 다음의 표를 예를 들어 설명하도록 하겠습니다.

연 도	2011년	2012년	2013년
유형자산(토지)	100	120	90

해당 기간에 토지의 추가 취득이나 처분은 없는 것으로 가정하겠습니다. 2012년에 재평가액 증가분 20은 기타포괄이익으로 인식합니다. 기타포괄손익은 손익계산서의 당기순이익에 반영되지 않고 총포괄손익에 반영됩니다. 2013년에 유형자산을 재평가한 결과 90이 되면 30만큼의 손실이 발생하게 됩니다. 이때, 20은 과거에 기타포괄이익으로 인식된 금액이 있으므로 기타포괄손실로 인식하고 나머지 10만큼만 당기손실로 계상하게 됩니다.

이러한 회계처리 방식은 유형자산뿐 아니라 'Chapter 9'에서 살펴볼 무형자산 등 재평가모형을 사용하는 모든 자산에 동일하게 적용됩니다. 재평가액 증가는 당기순이익에 반영되지 않지만 감소는 당기순이익에 반영됩니다. 그러나 예전에 재평가이익이 많아서 자본에 반영되어 있다면 이 금액이 완충 역할을 해주어 재평가로 인해 일시에 당기손익이 크게 변동되는 현상을 방지할 수 있습니다.

재평가모형 적용으로 인한 부채비율 감소

기존에 원가모형을 적용하던 기업이 K-IFRS 도입으로 재평가모형을 선택하여 유형자산을 평가하게 되면 어떤 효과가 있을까요? 유형자산을 재평가하면 일반적으로 유형자산의 장부금액은 증가하게 됩니다. 이는 물가 상승 등으로 인해 화폐로 표시되는 자산의 가격이 상승하기 때문입니다. 결국, 재평가로 인해 발생한 차액만큼 기업의 자본(재평가잉여금)이 증가하게 됨으로써 부채비율이 감소하여 재무구조가 안정되는 효과를 가져오게 됩니다.

따라서 투자자는 재평가모형을 선택한 기업의 특정자산에 재평가이익이나 재평가손실이 발생할 수 있다는 점을 유의해야 합니다. 또한, 재평가손익은 비교적 금액이 크기 때문에 이로 인한 부채비율 등 재무비율의 변동에 유의해야 할 것입니다. 그러나 이러한 재평가로 인한 부채비율의 감소는 기업의 본질이 변한 것이 아니라 단지 평가금액에 의한 것임을 유의해야 합니다.

아래의 예는 취득 시 10억 원이었던 토지가 20억 원으로 재평가된 경우를 가정하여 부채비율을 비교한 것입니다. 토지의 장부금액이 10억 원에서 20억 원으로 2배 증가함에 따라 부채비율은 100%에서 33.3%로 하락한 것을 볼 수 있습니다.

〈유형자산의 재평가로 인한 부채비율 하락〉

원가모형				재평가모형			
토지	10	부채	5	토지	20	부채	5
		자본금	5			자본금	5
						기타포괄손익	10
(자산총계)	10	(부채와자본총계)	10	(자산총계)	20	(부채와자본총계)	20
	부채비율 : 5/5=100%				부채비율 : 5/15=33.3%		

매년 감가상각 방법 등을 주기적으로 재검토

기존의 K-GAAP에서는 감가상각 회계처리에서 잔존가치, 내용연수, 감가상각 방법 등을 주기적으로 재검토할 의무가 없었습니다. 그러나 K-IFRS에서는 이들에 대해 매 사업연도 말에 재검토를 수행하여야 하며, 타당한 이유가 있을 경우에는 변경할 수 있도록 하고 있습니다. 이는 경제적 실질을 중요시하는 K-IFRS의 특징의 하나로 이해할 수 있습니다.

유형자산의 감가상각이란 당해 유형자산을 사용하여 일정 기간 동안 발생한 수익에 대응하여 당해 유형자산의 사용에 따른 비용을 산출하는 개념으로 이해할 수 있습니다. 따라서 유형자산을 사용하여 매년 수익이 일정 금액 발생한다면 그 유형자산의 사용에 따른 자산의 가치하락분인 비용도 매년 일정 금액으로 산정하는 것이 합리적일 것입니다.

> ◯ **유형자산의 감가상각**
> 정확한 기간 손익을 산출하기 위해 유형자산의 가치 중에서 당기에 감소한 부분을 당기 비용화하는 방법

이러한 관점에서 K-IFRS에서는 해당 자산으로부터 예상되는 미래 경제적 효익의 형태를 가장 잘 반영하는 방법으로 감가상각 방법을 선택하고, 예상 소비형태가 변하지 않는 한 매 회계기간에 일관성 있게 적용할 것을 규정하고 있습니다.

K-IFRS에서는 유형자산의 경우 실무상 정액법을 가장 일반적인 감가상각 방법으로 보고 있습니다. 물론 K-IFRS에서도 정률법을 사용할 수 있으나 정률법을 사용하기 위해서는 회사의 특성상 기계장치 등을 사들인 초기에 그 기

계를 집중적으로 사용했다는 내용을 증명해야 합니다. 그만큼 K-IFRS에서는 정률법의 사용요건을 엄격히 제한함으로써 사실상 정률법의 사용이 어려워졌다고 할 수 있습니다.

◉ **정액법**
감가상각자산을 자산의 내용연수 동안 매년 일정액으로 동일하게 상각하는 방법으로서 매년 상각금액이 동일함

◉ **정률법**
매년 상각하는 자산의 잔존가격에 동일한 비율을 적용하여 상각하는 방법으로서 시간이 지남에 따라 상각금액이 감소하게 됨

반면에 기존 K-GAAP에서는 세법을 준용하여 정률법을 사용한 경우가 많습니다. 이는 투자 초기에 많은 금액의 감가상각비를 비용으로 계상함으로써 법인세 절감 효과가 있기 때문입니다. 따라서 기존에 K-GAAP에 따라 정률법을 사용하던 기업이 K-IFRS를 적용하면서 정액법으로 감가상각 방법을 변경하는 경우가 발생할 수 있습니다.

정률법은 상각 초기에 많은 금액을 상각하고 점차 상각액이 줄어듭니다. 그러므로 K-IFRS 도입으로 감가상각 방법이 정률법에서 정액법으로 바뀌면 신규 취득자산의 경우 초기에는 감가상각비가 감소하여 당기순이익이 증가하는 효과가 나타날 것입니다. 또한, 기존 K-GAAP에서는 일반적으로 세법상 내용연수를 적용하였으나 경제적 실질을 반영하는 K-IFRS 도입으로 유형자산의 내용연수가 늘어날 수 있습니다. 이 또한 당기순이익과 자본이 증가하는 요인으로 작용할 것으로 예상됩니다.

감가상각 방법을 변경할 경우 기존 K-GAAP에서는 소급법(遡及法)을 적용하여 과거 재무제표를 소급하여 재작성하였으나, K-IFRS에서는 전진법(前進法)을 적용하여 과거 재무제표를 재작성하지 않고 당기 이후의 재무제표부터 적용하도록 하고 있습니다.

건설원가에 유형자산 건설 등에 소요되는 이자비용 포함

기존 K-GAAP에서는 특정자산을 취득하기 위해 차입한 금액에 대하여 취득시점까지 발생한 이자비용을 원칙적으로 금융비용으로 처리하며, 특정한 조건을 충족시키는 때에만 자산의 취득원가에 포함합니다. 반면에, K-IFRS에서는 이를 자산의 취득원가에 포함함으로써 이자비용을 자본화하는 회계처리 방법만을 인정하고 있습니다.

예를 들어 기업이 본사사옥을 건설할 경우, 여러 가지 형태의 원가가 발생할 수 있습니다. 즉, 자산가액이 되는 건설원가에는 재료비, 인건비뿐만 아니라 은행차입금을 사용하는 데서 발생하는 이자비용도 포함될 수 있습니다.

K-IFRS에서는 건물 등의 건축 시 여기에서 발생하는 이자비용도 건물의 건설원가, 즉 자산가액에 포함하고 있습니다. 이는 이자비용도 다른 비용항목과 마찬가지로 자산을 구성한 뒤에 사용기간 동안 분할하여 감가상각비로 비용처리 하는 것이 보다 합리적이라고 보기 때문입니다. 즉, 이러한 회계처리 방식을 적용하면 사옥을 사용하여 발생하는 수익과 비용을 대응시킬 수 있으므로 수익·비용 대응의 원칙에 보다 적합하다고 보는 것입니다. 따라서 K-IFRS를 적용하면 취득시점까지의 차입금에 대한 이자비용이 건설원가에 포함됨으로써 유형자산 등의 건설원가, 즉 자산가액이 증가할 수 있습니다.

> ● **수익·비용 대응의 원칙**
> 수익과 비용을 그 발생 원천에 따라 명확하게 분류하고, 각 수익항목과 이에 관련되는 비용항목을 동일한 회계 기간에 대응표시하여야 한다는 회계원칙

차입기업과 무차입기업 간의 유형자산 장부금액 비교 가능성 저하

그렇다면 차입기업과 무차입기업 간 장부금액의 비교 가능성이 저하되지 않을까요? 그렇습니다. 유형자산을 기업 내부자금으로 건설하는 기업과 외부자금을 빌려서 건설하는 기업의 유형자산 가액이 달라짐으로써 기업 간 비교 가능성이 저하될 수 있습니다. 즉, 외부자금을 빌려서 건설하는 기업의 자산가액이 상대적으로 더 커지게 됩니다. 건물이라는 실질은 같은데 자금의 조달방법에 따라 자산의 가액이 달라지는 현상이 발생하게 됩니다.

결국, K-IFRS의 적용으로 차입금 의존도가 높은 기업의 건설원가나 제조원가는 상승할 것으로 예상됩니다. K-IFRS에 따라 차입원가를 자본화하게 되면 기존 K-GAAP에 의해 이자비용을 당기 비용으로 처리하는 경우보다 당기순

이익이 증가할 수 있습니다. 기존 K-GAAP에서는 이자비용을 당기의 비용으로 일시에 인식하지만, K-IFRS에서는 자산의 취득원가에 포함한 후 일정 기간에 걸쳐 감가상각비 형식으로 나누어 비용화하기 때문입니다.

유형자산 전체가 아닌 자산의 구성요소별로 감가상각 가능

기존 K-GAAP에서는 그동안 유형자산을 취득하면 구성요소별로 분리하지 않고 자산 전체금액을 대상으로 감가상각 회계처리를 수행하였습니다. 예를 들어 건물을 구성하는 엘리베이터의 내용연수는 건물 전체의 내용연수와 다르지만, 이를 별도로 구분하지 않고 건물 전체금액을 대상으로 감가상각을 수행하였습니다. 그러나 K-IFRS에서는 만일 유형자산을 구성하는 일부 구성품의 원가가 당해 유형자산 전체의 원가에서 중요한 비중을 차지한다면 해당 유형자산을 감가상각할 때 그 부분을 별도로 구분하여 상각해야 합니다. 왜냐하면, 외형적으로는 단일체의 유형자산이지만, 특정 구성품의 원가 비중이 높고 내용연수가 상이하거나 상각방법을 달리 정하는 것이 합리적일 경우에는 실질적으로 별개의 자산으로 보는 것이 경제적 실질에 부합하기 때문입니다.

IFRS 관련 신문기사 읽기

(IFRS 집중분석) 뜨거운 감자: 세금

　D항공사는 현재 회계상 항공기를 20년간 정액법으로 감가상각하고 세무상으로는 15년을 적용한다. 내년부터 IFRS를 도입하기로 한 이 회사는 앞으로 항공기의 동체, 엔진, 부품별로 구분해 각각 내용연수를 적용, 감가상각을 해야 해 세법상 감가상각 처리방법을 두고 고심 중이다.

(이데일리, 2010.6.14)

08 투자부동산

기존 K-GAAP에서는 원칙적으로 부동산을 유형자산으로 분류하고 시세 차익 목적의 부동산에 한해 투자부동산으로 회계처리 하고 있습니다. 그러나 K-IFRS에서는 시세 차익용 부동산뿐 아니라 임대 목적으로 보유한 부동산도 투자부동산으로 분류합니다. 투자부동산과 관련한 K-IFRS의 내용을 살펴보도록 하겠습니다.

임대 목적으로 보유하고 있는 부동산은 투자부동산

투자부동산이란 임대수익이나 시세 차익 등 투자를 목적으로 보유하고 있는 부동산을 말합니다. 따라서 어떤 부동산을 투자부동산으로 분류했다는 것은 당해 부동산이 당해 기업의 주된 영업에 사용되는 것이 아니라 투자를 목적으로 보유하고 있는 부동산이라는 의미입니다.

기존 K-GAAP에서 시세 차익용 부동산은 투자부동산으로 분류하지만, 임대 목적으로 보유하고 있는 부동산은 유형자산으로 분류하여 회계처리 하였습니다. 그러나 K-IFRS에서는 시세 차익 목적으로 보유하고 있는 부동산뿐 아니라 임대 목적의 부동산도 투자부동산으로 분류하고 있습니다.

투자부동산을 공정가치로 평가할 수 있다

K-IFRS에서는 투자부동산을 평가할 때 원가모형 또는 공정가치모형 중 기

업이 선택하여 적용할 수 있도록 하고 있습니다. 그러나 투자부동산을 공정가치로 평가할 때 그 처리방식은 유형자산에 재평가모형을 적용할 경우와 차이가 있습니다.

즉, 앞서 'Section 7'에서 살펴보았듯이 유형자산에 공정가치법의 일종인 재평가모형을 적용하여 발생한 재평가차익은 자본에 반영됩니다. 그러나 공정가치모형을 적용하여 발생한 투자부동산의 평가차익과 평가차손은 당기손익으로 인식합니다. 또한, 유형자산은 재평가모형을 적용하였다고 하더라도 결산기 말의 장부금액과 공정가치가 크게 차이가 나지 않으면 매년 재평가하지 않아도 되나, 투자부동산의 공정가치모형은 매년 말에 반드시 공정가치로 평가해야 합니다.

공정가치로 평가하는 투자부동산은 감가상각을 하지 않는다

유형자산과 비교하여 특이한 점은 투자부동산을 공정가치로 평가할 경우에는 감가상각을 수행하지 않는다는 점입니다. 이는 투자부동산을 공정가치로 평가하게 되면 감가상각 실시 여부와 상관없이 투자부동산의 장부가액이 항상 공정가치와 동일한 금액이 될 것이기 때문입니다.

예를 들어 투자부동산에 대해 감가상각을 시행하는 경우, 2010년 초 투자부동산의 장부가액이 100이고 감가상각비가 20이며 2010년 말 실제 가치는 120이라고 가정해 보겠습니다. 연초 100인 투자부동산은 감가상각 후 2010년 말의 장부가액이 80으로 기재될 것입니다. 그런데 사업연도 말에는 공정가치로 투자부동산을 다시 평가해야 하므로 투자부동산의 2010년 말 최종가액은 어차피 공정가치인 120으로 기록될 것입니다. 또한, 감가상각을 시행하지 않은 경우에도 투자부동산의 기말가격은 공정가치로 평가하므로 120이 될 것입니다. 따라서 K-IFRS에서 투자부동산을 공정가치로 평가할 경우에는 별도로 감가상각을 수행할 필요가 없습니다.

그러나 투자부동산을 원가모형으로 회계처리 할 경우에는 반드시 감가상각을 수행해야 합니다. 원가모형은 매년 말에 공정가치로 평가하지 않으며, 임대수익 등 수익은 발생하는데 이에 대응하는 비용이 발생하지 않기 때문입니다. 따라서 감가상각을 통해 비용을 수익에 대응시키는 절차가 필요합니다.

투자부동산을 원가모형으로 평가할 경우 공정가치의 주석 공시 의무화

투자부동산에 대한 평가방법을 공정가치모형으로 선택하면 공정가치 변동에 따라 당기손익의 변동성이 증가하게 됩니다. K-IFRS에서는 기업에 원가모형과 공정가치모형 중 하나를 선택하게 함으로써 기업 간 재무제표의 비교 가능성 문제가 발생하게 됩니다. 이 문제를 해결하기 위해 K-IFRS에서는 기업이 투자부동산에 대해 원가모형을 선택한 경우에는 당해 투자부동산의 공정가치를 주석에 반드시 공시하도록 요구하고 있습니다.

'K사'는 2009년 사업보고서에서 투자부동산을 원가법으로 평가하고 있습니다. 따라서 주석에서는 투자부동산의 공정가치를 표시하고 있습니다.

〈주석을 통한 투자부동산의 공정가치 표시〉

6. 투자부동산

(4) 투자부동산의 공정가치

당기 말 현재 투자부동산의 공정가치와 장부금액은 다음과 같습니다.

(단위: 백만 원)

구 분	공정가치	장부금액
토지	207,717	15,385
건물	111,184	88,730
합계	318,901	104,115

운용리스와 금융리스

　자산을 직접 구매하거나 소유하지 않고 자산 소유자로부터 사용권만을 일정기간 이전받아 자산을 사용하고, 그에 대한 대가로 사용료를 지급하는 계약을 리스(lease)라고 합니다. 회계적으로 리스의 종류에는 운용리스와 금융리스가 있습니다.

　운용리스는 리스자산을 소유함으로써 발생하는 위험과 효익이 리스제공자로부터 리스이용자에게 이전되지 않는 리스거래를 말합니다. 여기에서 위험과 효익은 해당 자산의 운휴(運休), 기술적 진부화(陳腐化)로 인한 손실 및 경제여건의 변화에 따른 이익변농의 가능성 등을 의미합니다. 결국, 운용리스는 자산을 리스제공자가 보유하고, 리스이용자는 리스자산의 사용에 따른 사용료를 지급하는 것으로 회계처리 함으로써 임대차거래와 유사한 개념으로 볼 수 있습니다. 따라서 해당 자산과 부채가 리스이용자의 재무상태표에 표시되지 않고 사용료만 기간비용으로 손익계산서에 표시됩니다.

　반면에 금융리스는 리스자산의 소유에 따른 대부분 위험과 효익이 리스이

Chapter

4

용자에게 이전되는 리스를 말합니다. 따라서 금융리스의 경우에는 리스 이용에 따른 자산과 부채가 리스이용자의 재무제표에 표시됩니다.

운용리스도 그 실질에 따라 금융리스로 분류 가능

기존 K-GAAP에서는 건물 등 부동산을 운용리스로 사용하는 경우에 리스이용자는 리스료를 기간비용으로 처리합니다. 이는 운용리스의 리스료를 건물 사용에 따른 임차료와 같은 개념으로 이해하는 것입니다. 따라서 리스자산이나 리스부채를 재무상태표에 표시할 필요가 없습니다. 이와 달리 금융리스는 소유권만 없을 뿐 실질은 소유한 것과 같으므로 리스자산과 지급할 리스료를 부채로 표시합니다.

그러나 K-IFRS에서는 부동산을 장기적 운용리스로 이용하면서 임대수익을 발생시키면, 이를 금융리스로 인식하여 해당 부동산을 리스이용자의 재무상태표에 자산으로 인식하고 지급할 리스료를 부채로 인식하게 됩니다. 형식은 운용리스이지만 그 실질이 금융리스에 가까워 실질을 중요시하는 K-IFRS의 회계원칙이 반영되었다고 이해할 수 있습니다. K-IFRS에서는 이러한 운용리스가 재무제표에 그대로 드러남으로써 재무정보 이용자가 보다 쉽게 기업의 실체를 파악할 수 있을 것으로 기대됩니다.

이때, 운용리스로 이용하는 부동산이 임대수익이나 시세 차익을 얻기 위한 목적이고 해당 부동산을 공정가치모형으로 평가한다면 리스이용자의 재무상태표에 표시되는 운용리스 부동산은 유형자산이 아닌 투자부동산으로 분류됩니다.

IFRS 관련 신문기사 읽기

해운업계, IFRS '암초' 만나……
"대응 미숙했다" 자성론 일어

(중략) 23일 관련업계 및 한국회계학회에 따르면 국내 해운사들이 IFRS로 회계 기준을 변경하면, 정기용선 비용이 리스거래로 분류된다. 정기용선이 리스거래로 분류되면 해운사들의 리스부채가 증가하는 등 부채비율이 급상승한다.

리스는 금융리스와 운용리스 두 가지로 분류되는데, 리스가 금융리스로 분류되면 자산과 부채는 재무상태표에 인식된다. 운용리스로 분류되는 경우 리스이용자는 자산과 부채는 인식하지 않고 리스 기간 동안 지급리스료를 비용으로 인식하고 있다.

IFRS 기준에 따르면 금융리스는 자금을 차입해서 자산을 구입하는 것과 유사하기 때문에 재무상태표에 인식돼야 한다. 따라서 정기용선으로 인한 리스거래가 금융리스로 잡히기 때문에 부채비율이 증가하는 것.

(아주경제, 2010.12.23)

Chapter

4

09 무형자산

무형자산이란 물리적 실체는 없지만, 식별 가능한 비화폐성 자산을 의미합니다. 특허권, 라이선스, 저작권, 개발비, 영업권 등이 무형자산에 해당합니다. 기술과 정보 및 지식이 중요한 역할을 하는 오늘날, 기업가치에서 무형자산이 차지하는 비중은 점점 증가하고 있습니다. 무형자산의 회계처리에서 K-IFRS와 기존 K-GAAP와의 차이점을 살펴보도록 하겠습니다.

원칙적으로는 무형자산도 공정가치로 표시가 가능하다

무형자산이란 영업권과 같이 물리적 실체가 없지만, 식별이 가능한 비화폐성 자산을 말합니다. 기존 K-GAAP에서는 무형자산을 원가모형으로만 평가할 수 있었습니다. 그러나 K-IFRS에서는 가능한 한 모든 자산을 공정가치에 근접시키고자 하는 원칙을 지향합니다. 따라서 무형자산도 유형자산과 같은 방식으로 원가모형과 재평가모형 중 하나를 기업이 선택하도록 하였습니다.

만일 무형자산에 대해 재평가모형을 적용한다면 재평가 금액의 증감에 따라 자산과 자본의 변동성이 확대되고 감가상각비로 인한 당기손익에의 영향도 커질 것입니다.

현실적으로는 무형자산에 대해 재평가모형을 적용하기는 어렵다

재평가모형을 사용할 수 있으려면 거래가 충분히 이루어지고 가격이 공개되는 시장이 존재해야 합니다. 이러한 시장을 K-IFRS에서는 활성시장(Active Market)이라고 정의하고 있습니다. 그런데 현실적으로 영업권 등의 거래가 충분히 이루어지고 가격이 공개되는 시장이 있을까요? 불가능한 것은 아니지만 아직 이러한 무형자산의 활성시장이 형성된 경우는 매우 드문 것이 사실입니다. 실제로 2007년 유럽에서 IFRS 적용기업에 대한 실태조사를 시행한 결과 무형자산에 대해 재평가모형을 적용한 사례는 없었습니다.

> ◉ **활성시장**(Active Market)
> ①거래되는 항목들이 동질적이고, ②거래의사가 있는 구매자와 판매자를 언제든지 찾을 수 있으며, ③가격이 공개되어 이용 가능한 시장

무형자산의 재평가차액 회계처리는 유형자산과 동일

무형자산의 장부가액이 재평가로 인해 변동된 경우 그 변동분의 처리는 'Section 7'에서 살펴본 유형자산의 경우와 동일합니다. 즉, 재평가로 인해 장부가액이 증가한 경우에 그 증가액은 당기손익이 아닌 기타포괄손익으로 인식하고, 재평가잉여금의 과목으로 자본에 가산합니다. 그러나 그 자산에 대하여 과거에 재평가감소로 인하여 당기손실로 인식한 금액이 있다면 그 금액을 한도로 당기이익으로 인식하고 나머지는 기타포괄손익으로 인식합니다.

반대로 무형자산의 장부금액이 재평가로 감소한 경우에 그 감소액은 당기손익으로 인식합니다. 그러나 그 자산에 대한 재평가잉여금 잔액이 있다면 그 금액을 한도로 기타포괄손익으로 인식하고 나머지 잔액만을 당기손실로 인식합니다.

내용연수가 비한정인 무형자산이 나타난다

기존 K-GAAP에서는 무형자산의 내용연수가 원칙적으로 20년 이내로 정해져 있습니다. 그러나 K-IFRS에 따르면 만약 어떤 무형자산이 무한한 기간 현금흐름을 창출할 수 있을 것으로 기대된다면 그 무형자산은 비한정 내용연수를 갖게 됩니다. 즉, 별도의 한정된 수명이 없습니다.

예를 들어 상표권을 취득하였는데 이 무형자산의 경우 일정 기간마다 갱신에 따른 비용이 거의 발생하지 않는다면 이는 비한정의 내용연수를 가진 무형자산이 됩니다. 따라서 상각을 하지 않는 대신 매년 또는 무형자산의 손상을 나타내는 징후가 있을 때만 자산손상검사를 수행합니다. 물론 내용연수가 비한정이라는 추정이 적절한지 매 사업연도마다 검토해야 합니다. 만약 검토결과 비한정이라는 추정이 적절하지 않다면 유한의 내용연수로 변경하고 상각을 시작해야 합니다.

자산손상이란 자산을 보유하는 동안 새로운 기술의 발달 등으로 무형자산의 가치가 하락하는 현상을 의미합니다. 자산의 가치가 떨어지면 자산의 장부금액을 하향 조정하고 하락분만큼 당기순이익에 반영함으로써 기업의 당기순이익 및 자본도 하향 조정하게 됩니다.

다음은 'K사'의 2009년 사업보고서의 연결감사보고서 주석에 공시된 무형자산에 대한 손상차손을 언급한 부분입니다.

〈주석에 공시된 무형자산 손상차손 관련 내용〉

5. 무형자산

(1) 당기 중 무형자산의 변동은 다음과 같습니다.

(단위: 백만 원)

구 분	산업재산권	시설이용권	기타의무형자산	개발중인무형자산	합 계
취득원가:					
기초금액	9,404	19,964	8,527	27,172	65,067
취득금액	159	764	1,006	3,963	5,892
처분금액	–	(64)	–	–	(64)
순외환차이	–	–	(27)	–	(27)
기타증감액	(264)	86	227	–	49
기말금액	9,299	20,750	9,733	31,135	70,917
상각누계액 및 손상차손누계액:					
기초금액	(7,557)	–	(5,576)	–	(13,133)
무형자산상각비	(263)	–	(1,229)	–	(1,492)
손상차손	–	–	–	(647)	(647)
순외환차이	–	–	17	–	17
기타증감액	2	–	36	–	38
기말금액	(7,818)	–	(6,752)	(647)	(15,217)
장부금액:					
기초금액	1,847	19,964	2,951	27,172	51,934
기말금액	1,481	20,750	2,981	30,488	55,700

당기 중 연결실체는 사업재산권 등록 포기 등으로 인하여 개발중인무형자산에 대하여 647백만 원의 손상차손을 인식하였습니다.

Chapter

4

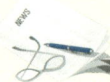
[IFRS 핵심키워드] 영업권 회계처리

오리온이 매년 '영업권 상각'으로 치르는 비용은 143억 원이다. 오리온은 과거 스포츠토토와 오리온스낵을 인수할 때 브랜드가치, 영업망 등을 감안해 순자산가치보다 높은 가격을 적용했다. 이에 따라 오리온은 순자산가치와 인수가격의 차이를 영업권 상각 형태로 지난해 118억 원과 25억 원의 비용을 반영했다. 내년 IFRS를 적용한 후에는 영업권 상각이 해소됨으로써 이 비용만큼의 이익 증가 효과를 거둔다.

신한지주는 LG카드 인수 이후 매년 4,200억 원씩 영업권 상각 처리로 그만큼 수익성이 악화됐다. IFRS는 영업권 상각을 손익계산서상의 손실 처리없이 자본에서 차감할 수 있도록 해 회사의 수익성 향상에 도움이 된다는 게 전문가들의 평가다.

M&A를 중심으로 회사를 키워온 회사는 IFRS 적용 이후 장부상 이익이 늘어나는 효과를 얻게 된다. 종전 회계체계에서는 인수 · 합병(M&A) 후 인수 기업 영업권을 20년 이내에 장부상에서 일정액을 빼 왔다. 영업권이란 기업이 경제활동을 통해 축적한 가치가 기업이 보유한 개개의 자산 가격을 초과하는 경우 그 무형의 재산적 가치를 말한다. 현행 회계기준에선 한 회사가 다른 회사를 인수할 경우 적정가(본질가치)보다 비싸게 살 경우 그 프리미엄 분이 영업권이다. 비싼 값에 샀으니 비싸게 산 만큼을 비용으로 처리해야 한다는 얘기다. 하지만, IFRS 체제에서는 비용처리하지 않고 일시에 손상된 부분만 차감하면 된다. 손상검토를 실시한 뒤 손상이 인정되면 장부금액과 회수가능금액 차액을 손상차손으로 인식한다. 영업권 미상각에 따라 순이익 증가 효과가 예상된다.

(머니투데이, 2010.6.30)

10 외화환산

기업은 수출·수입 등으로 인해 외국통화로 발생한 거래를 원화로 환산하여 회계처리 해야 합니다. 이때, 환율이라는 매개변수가 변동하게 되면 재무제표 수치는 큰 영향을 받습니다. K-IFRS 적용에 따라 이러한 외화환산과 관련하여 투자자가 반드시 알아야 할 사항을 살펴보도록 하겠습니다.

영업기반이 되는 통화와 회계기록 통화가 다르다?

유가증권시장에 상장된 STX팬오션은 매출액의 95% 이상이 US \$로 결제되는 회사입니다. 그러나 한국거래소의 상장공시시스템(KIND)을 보면 이 회사의 재무제표는 원화금액으로 작성되어 공시되고 있는 것을 알 수 있습니다. 즉, STX팬오션은 실질적인 영업활동을 US \$로 영위하지만, 재무제표의 주된 이용자가 우리나라 사람이기 때문에 원화로 환산하여 모든 거래를 기록하고 재무제표를 작성하고 있는 것입니다.

이렇듯 실제 영업의 기반이 되는 통화와 그것을 재무제표에 표시하는 통화가 다르면 어떤 문제점이 있을까요? 우선 거래시점에 당해 외화금액을 원화로 환산하여 회계처리 한 후, 재무제표를 작성하는 결산시점에 다시 한 번 그 시점의 환율을 적용하여 원화로 환산해야 합니다. 결국, 기업 입장에서는 이중으로 환산작업을 해야 하는 번거로움이 있습니다.

또한, 거래시점의 환율과 결산시점의 환율이 다르면 환율변동으로 인한 외

Chapter

4

화환산손익이 발생하여 당기손익에 영향을 미치게 됩니다. 즉, 원화로 환산하는 작업을 두 번 함으로써 기업의 본질과 무관한 환율변동이라는 외생변수에 의해 기업실적이 영향을 받는 상황이 발생하게 됩니다.

기존 K-GAAP에서는 환율변동으로 인해 당기순손익이 왜곡될 수 있다

기존 K-GAAP에 의한 회계처리에서는 앞에서 설명한 현상이 그대로 드러납니다. 예를 들어 보겠습니다. STX팬오션은 2010년 5월 1일에 $200을 차입하여 선박을 구입했습니다. 이날의 환율은 1,000원/$라고 가정하겠습니다. 기존 K-GAAP에 따르면 일단 거래시점에 당해 외화금액을 원화로 환산하여 기록하여야 합니다. 따라서 5월 1일 자 거래는 선박과 차입금이 각각 200,000원($200×1,000원/$)으로 기록될 것입니다.

이후 결산시점인 2010년 12월 31일에는 재무제표 작성을 위해 당일의 환율로 다시 한 번 환산해야 합니다. 결산일의 환율이 1,300원/$라고 가정하면 원화자산인 선박은 그대로 200,000원으로 남아 있지만, 외화차입금은 260,000원($200×1,300원/$)이 될 것입니다. 여기에서 거래일의 차입금과 결산일의 차입금과의 차액인 60,000원은 환율변동으로 인한 차입금의 증가분으로서 외화환산손실로 기록되어 당기순이익을 감소시키게 됩니다. 결국, 이 회사의 본질은 동일한데 환율이 변동함으로써 60,000원의 손실이 추가로 발생하게 된 것입니다.

〈환율변동으로 인한 외화환산손실의 발생〉

구분	차변(원)		대변(원)	
2010.05.01	선박	200,000	차입금	200,000
2010.12.31	선박	200,000	차입금	260,000
	외화환산손실	60,000		

K-IFRS에서는 회계통화를 기능통화와 표시통화로 구분

그렇다면 이러한 불합리하고 불편한 현상을 원천적으로 차단할 수는 없을까요? 만일 회계 기간에 거래를 기록하는 통화를 US $로 정한다면 기업 입장에서는 결산기 말에 환산작업을 한 번만 수행하면 되고, 결국 환율변동이라는 외생변수에 의해 당기순이익이 영향받는 현상은 발생하지 않을 것입니다. 즉, 연도 중에 발생한 외화거래를 별도의 환산 없이 US $로 회계처리 하고, 기말에 US $로 표시된 자산과 부채를 기말환율을 적용해 1회에 한해 환산한다면 외화환산손익은 발생하지 않을 것입니다.

실제로 K-IFRS에서는 기능통화와 표시통화라는 개념이 있어 이러한 효과를 기대할 수 있게 되었습니다. 여기에서 기능통화란 그 회사의 주된 영업활동이 어떤 통화로 이루어지는지 등에 따라 결정됩니다. 앞에서 예를 든 STX팬오션의 기능통화는 US $가 될 것입니다.

한편, 표시통화는 재무제표를 표시할 때 사용하는 통화를 말합니다. 비록 회계 기간에는 STX팬오션이 모든 거래를 US $로 기록하지만, 최종적인 재무제표를 공시할 때는 원화로 작성·공시하게 되는데 이때 원화가 바로 표시통화가 됩니다.

기능통화 도입으로 환율변동으로 인한 당기손익 변동성 완화

앞에서 예로 든 동일한 사안을 K-IFRS의 기능통화 개념을 적용하여 그 효과를 살펴보겠습니다. 5월 1일 자의 거래는 기능통화인 달러($)로 기록하면 그만입니다. 따라서 선박과 차입금이 각각 $200으로 기록될 것입니다. 이후 결산시점

에 가서 기능통화를 표시통화인 원화로 단 한 차례만 환산하게 됩니다. 결산시
점의 환율이 1,300원/$이므로 선박과 차입금은 각각 260,000원($200×1,300
원)이 될 것입니다. 환산작업을 한 차례만 했기 때문에 비교시점이 없어 환율변
동으로 인한 외화환산손익이 발생하지 않습니다. 따라서 환율변동이라는 외적
변수에 의해 기업의 영업실적과 재무상태가 전혀 영향을 받지 않게 됩니다.

〈기능통화 도입 시 환율변동에 따른 회계처리〉

구 분	차 변		대 변	
2010.05.01	선박	$200	차입금	$200
2010.12.31	선박	260,000원	차입금	260,000원

　　실제로 STX팬오션과 같은 해운업계는 2009년에 이미 K-IFRS를 조기 도입
한 경우가 많습니다. 외화결제 비중이 높은 해운업계의 특성상 환율변동이라
는 외생변수에 의해 기업의 손익과 재무상태가 영향받지 않을 수 있는 이점이
있기 때문입니다.

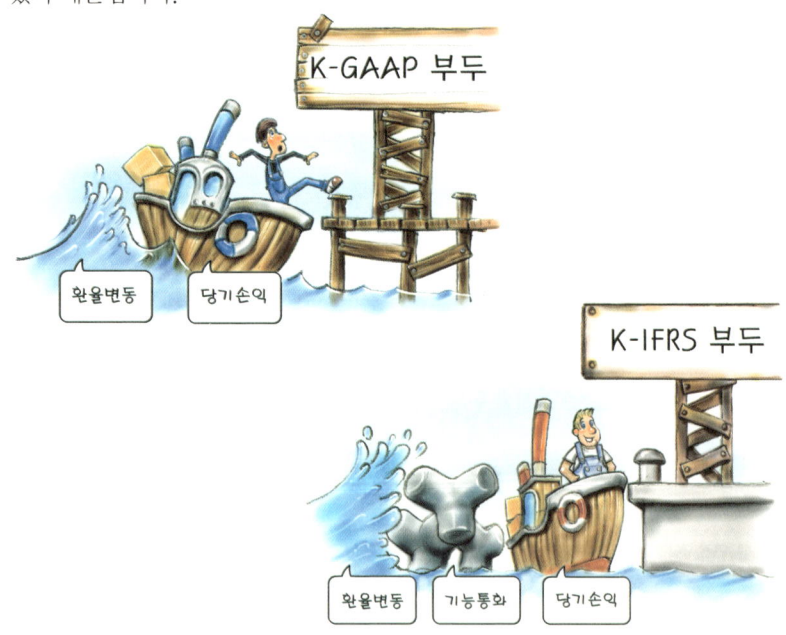

IFRS 도입, 조선 · 해운업 '맑음', 건설 '흐림'

회계 전문가들은 기능통화가 도입되는 조선 · 해운업의 수혜가 가장 클 것으로 전망했다. 기능통화 회계제도란 연중에는 회계장부를 기능통화로 작성, 관리하고 결산일에 우리나라 표시통화인 원화로 환산하는 회계제도다.

현행 회계기준에 따르면 대부분의 매출과 매입을 외화로 결제하는 기업이더라도 기중에 원화로 회계장부를 작성하고 결산 시 다시 환산하도록 규정하고 있다. 이 경우 외화자산과 외화부채에 대한 적용환율이 달라 통상 외화환산손익이 발생한다. 그러나 IFRS에 따라 기능통화제가 도입되면 외화환산손익이 발생할 이유가 없다.

기능통화제의 실질적인 수혜는 조선 · 해운업종과 같이 국내에 본사를 두고 해외에서 주된 영업활동을 하며, 주로 외화로 결제하는 기업이 본다. 한슬기 우리투자증권 연구원은 "이들 기업의 경우 기능통화제 도입으로 환율변동에 따른 재무제표의 왜곡 없이 거래의 실질적 내용을 보다 잘 반영하는 회계처리를 할 수 있다"고 말했다.

(머니투데이, 2010.6.30)

우리나라 대부분 기업의 기능통화는 원화이다

우리나라 기업 대부분의 기능통화는 원화입니다. 즉, 주된 영업을 할 때 사용하는 화폐가 원화라는 의미입니다. STX팬오션과 같이 대부분의 매출과 매출원가가 US $로 이루어지는 기업은 많지 않을 것입니다.

따라서 기능통화가 외화인 기업과 기능통화가 원화인 기업을 비교할 때는 외화환산손익과 같이 기능통화 도입으로 인한 환율효과의 차이점을 고려해야 할 것입니다. 또한, 재무상태표의 전체 금액이 환율변동에 의하여 변동될 수 있다는 점도 유의해야 할 것입니다.

11 금융상품

기존 K-GAAP에서는 주식, 채권 등에 대해 유가증권이라는 용어를 사용하였으며 이를 크게 채무증권과 지분증권으로 분류하였습니다. 그런데 K-IFRS에서는 유가증권이라는 용어 대신 금융상품이라는 용어를 사용합니다. K-IFRS에서의 금융상품과 기존 K-GAAP에서 유가증권의 차이점을 중심으로 살펴보도록 하겠습니다.

주식, 채권 등은 '유가증권 등'이 아닌 금융상품

기존 K-GAAP에서 유가증권은 재산권을 나타내는 증권으로서 적절한 액면 금액 단위로 분할되며, 시장에서 거래되거나 투자 대상이 되기도 합니다. 기존 K-GAAP의 유가증권은 채무증권과 지분증권으로 분류됩니다. 그리고 유가증권에 더하여 파생상품은 별도로 회계기준을 제정하여 적용해오고 있습니다.

> ● **채무증권**
> 확정된 금액을 특정한 날짜(만기)에 갚기로 하고 돈을 빌리는 데 사용하는 증권으로서, 기업이 발행하는 회사채는 대표적인 채무증권임
>
> ● **지분증권**
> 다른 기업에 대해 소유권과 지분권을 나타내는 증권으로서, 주식은 대표적인 지분증권임

그러나 K-IFRS에서는 '유가증권'이라는 용어는 더 이상 사용하지 않고 '금융상품'이라는 용어를 사용합니다. K-IFRS에서의 금융상품은 다음과 같이 매우 광범위하게 정의되어 있습니다. K-IFRS에서는 금융상품을 "한쪽 거래당

사자에게 금융자산을 발생시키면서 다른 거래당사자에게는 금융부채나 지분증권을 발생시키는 계약"이라고 규정하고 있습니다. 따라서 K-IFRS에서의 금융상품은 금융자산뿐만 아니라 금융부채 및 지분상품까지 포함하는 개념입니다.

이렇듯 K-IFRS에서 금융상품에 대해 광범위하게 정의하는 주된 이유는 특정업종에 국한하지 않고 유사한 성격을 가진 금융상품에 대하여 동일한 회계처리를 할 수 있도록 하기 위해서입니다.

측정방법에 따라 금융자산을 4가지 형태로 분류

K-IFRS에서는 금융자산을 측정방법에 따라 4가지로 구분합니다. 우선 금융자산의 측정방법에는 크게 공정가치로 평가하는 방법과 원가로 평가하는 두 가지 방법이 있습니다. 공정가치로 평가하는 금융자산은 공정가치 평가에 따른 평가손익을 포괄손익계산서의 당기손익에 반영하는지, 아니면 기타포괄손익에 반영하는지에 따라 다시 두 가지 금융상품으로 분류합니다. 즉, 평가손익을 당기손익에 반영하는 금융자산인 당기손익인식금융자산과 평가손익을 기타포괄손익에 반영하는 매도가능금융자산으로 분류하는 것입니다.

금융자산의 또 다른 측정방법은 상각후원가로 측정하는 방법입니다. 이러한 방법으로 측정하는 금융자산에는 만기보유금융자산과 수취채권 등 두 가지가 있습니다. 만기보유금융자산은 만기가 정해져 있는 채권(債券)이 대표적인 예입니다. 또한, 수취채권 등은 대여금 및 매출채권 등이 이에 해당됩니다.

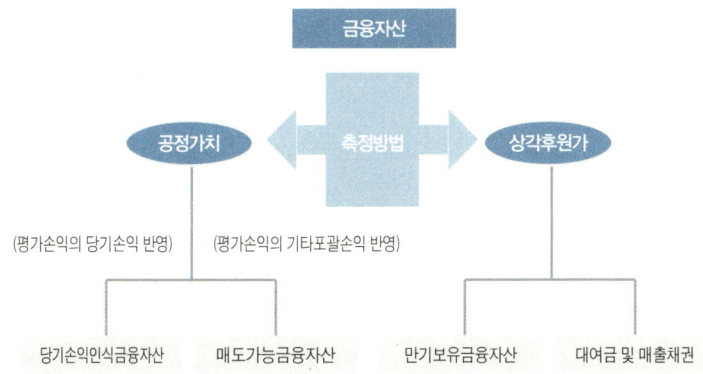

결국, K-IFRS에서의 금융자산은 ①당기손익인식금융자산, ②매도가능금융자산, ③만기보유금융자산 및 ④대여금 및 매출채권의 4가지로 구분됩니다. 이러한 금융자산의 분류는 현행 K-IFRS의 기업회계기준서 제1039호(IAS 39)에서 정하고 있습니다. 그러나 이를 대체할 금융상품 기준서(IFRS 9)가 2010년 10월에 제정됨으로써 K-IFRS로의 채택절차가 진행 중입니다. IFRS 9(금융상품)에서 정하고 있는 금융자산의 분류 및 측정의 주요 내용은 다음과 같습니다.

〈금융자산의 분류 및 측정에 대한 기준서 개정〉

구 분	K-IFRS 1039호	IFRS 9
금융자산 분류 및 측정	➡4개 항목으로 분류 ☑당기손익인식금융자산 - 공정가치로 측정 - 공정가치 변동분은 당기손익에 반영 ☑매도가능금융자산 - 공정가치로 측정 - 공정가치 변동은 기타포괄손익에 반영 ☑만기보유금융자산 - 상각후원가 ☑대여금 및 매출채권 - 상각후원가	➡2개 항목으로 분류 ☑상각후원가로 측정하는 금융자산 - 계약상 현금흐름을 수취하기 위해 자산을 보유하는 것이 목적인 사업모형 하에서 금융자산 보유 - 금융자산의 계약 조건에 따라 원금과 원금에 대한 이자지급만의 현금흐름이 특정일에 발생 ☑공정가치로 측정하는 금융자산 - 상각후원가로 측정하는 경우 이외의 금융자산 - 공정가치 변동을 당기손익에 반영(최초 기타포괄손익에 반영하는 항목으로 지정하는 지분상품 제외)

매출채권이나 대여금의 대손비용을 실제 발생한 시점에 인식

　기존 K-GAAP에서는 매출채권 등의 대손충당금은 예상손실을 기초로 계상하였으나, K-IFRS에서는 실제로 대손이 발생했다는 객관적 증거가 있을 때 손상차손을 인식합니다. 즉, K-IFRS에서는 손상징후가 없는 정상채권에 대해서는 대손충당금을 설정하지 않고 발생손실접근법에 따라 손상사건이 발생했을 때 손실을 인식합니다.

> ● **발생손실접근법**
> 대손충당금의 회계처리 시 아직 발생하지 않은 미래의 손실은 손실로 인식하지 않고 손상사건이 발생했다는 객관적인 증거가 있을 때 손상차손을 인식하는 방법

　K-IFRS에서는 매출채권이나 대여금에 대한 실제손상이 발생하기 전에는 대손충당금을 설정하지 않음으로써 재무상태표의 자산이 과대평가됨과 동시에 포괄손익계산서의 비용이 과소 계상되는 현상이 발생할 수 있습니다. 따라서 투자자는 대손충당금이 종전 K-GAAP에 비하여 과소계상됨으로써 당기순이익이 과대계상될 수 있음을 유의해야 합니다.

　또한, 기존 K-GAAP에서는 대손충당금을 미리 확보해놓음으로써 조금씩 비용으로 처리하면 나중에 실제 대손이 발생한 시점에 큰 비용이 발생하지 않지만, K-IFRS에서는 발생손실접근법에 따라 일시에 손실로 인식하는 경우에는 당기순이익의 변동성이 커질 수 있다는 점도 유의하여야 하겠습니다.

IFRS 뒤에 숨은 '진짜 순익'을 찾아라

올 초 정보기술(IT)업체인 '탄탄산업'은 상장기업 '잘나가 전자' 지분 100만 주를 주당 1,000원에 사들였다. '잘나가 전자' 주가는 지난달 말 1,200원으로 상승했다. '탄탄산업'은 2억 원의 평가차익이 발생했으나 실제 매도 차익이 발생한 게 아니어서 포괄손익계산서에 이를 '매도가능금융자산'으로 분류했고, 이는 당기순익에 반영되지 않았다. 반면 경쟁사인 '이등 주식회사'는 보유 중인 '천리안 통신' 지분 평가차익 2억 원을 '단기매매금융자산'으로 분류했다. 이 덕에 '이등 주식회사'의 2분기 당기순익은 2억 원 더 늘었다. 기존 재무제표에 익숙한 투자자라면 '탄탄산업'보다 많은 순익을 낸 '이등 주식회사'가 장사를 잘했다고 생각하기 마련이다. 그러나 실상은 그렇지 않다. 이들 기업이 손익을 따지기 위해 포함한 항목과 기준이 모두 다르기 때문이다.

한국채택국제회계기준(K-IFRS)이 적용된 손익계산서를 바라보는 투자자들의 머릿속이 복잡해졌다. 재무제표 작성 시 기업의 재량권이 크게 확대되면서 기업이 제시한 실적 공시를 있는 그대로 받아들였다가는 '장밋빛 전망'에 빠지기 쉽게 됐다. 일례로 '탄탄산업'과 '이등 주식회사'는 유가증권에 투자해 모두 2억 원의 이익을 본 상황이지만 이를 '단기매매' 금융자산으로 보느냐, '매도가능' 금융자산으로 분류하느냐에 따라 순익에서 차이가 났다. '단기매매' 금융자산으로 구분한 '이등 주식회사'의 경우 당장 순익이 증가한 것처럼 보이지만 이후 실제 지분을 매도할 때 손실을 볼 수도 있다. 따라서 투자자는 해당 기업이 보유한 가치 상승분 전체를 감안해 득실을 따져 투자 여부를 결정해야 한다.

실제로 LG전자는 지난 1분기 매도가능금융자산 항목에 10억 8,000만 원의 평가손을 기재했다. 일부에선 평가손실이 아니라 당기순손실에 포함해야 한다고 지적했다. 손실로 다시 계상할 경우 LG전자의 자기자본이익률(ROE)은 하락하게 된다.

(머니투데이, 2010.7.2)

상환우선주는 그 실질에 따라 자본이 아닌 부채로 분류

  기업이 발행하는 주식은 보통주와 우선주로 구분됩니다. 보통주는 주주총
회에서 의결권을 행사할 수 있는 권리가 부여되며, 회사의 이익에 대하여 배당
을 청구할 수 있는 배당청구권도 갖습니다. 이에 반해 우선주는 의결권이 없습
니다. 그러나 배당에서 보통주보다 우선적인 권리가 부여되며 회사의 해산 시
에도 보통주에 우선하여 잔여재산을 분배받을 수 있는 권리가 부여된 주식입
니다. 이러한 우선주에는 보통주로 전환할 수 있는 전환우선주와 회사가 일정
기간 후에 되사들여 상환할 의무가 있는 상환우선주가 있습니다.

기존 K-GAAP에서는 상환우선주를 주식이라는 법적 형태를 들어 자본으로 분류했습니다. 그러나 K-IFRS에서는 특정조건을 가진 상환우선주의 경우 자본이 아닌 금융부채로 분류됩니다. 즉, 상환우선주 중에서 발행기업이 의무적으로 확정금액을 상환해야 하거나 보유자가 상환을 청구할 권리가 있다면 이러한 상환우선주는 자본이 아닌 부채로 분류됩니다. 이 경우 상환우선주의 배당금은 차입금에 대한 이자비용으로 회계처리 합니다. 왜냐하면, 상환우선주는 외관상 우선주일 뿐, 회사채와 같이 부채를 발행한 것과 경제적 실질이 동일하기 때문입니다. 법적인 형식보다 경제적 실질을 우선시하는 K-IFRS의 원칙이 적용되고 있음을 알 수 있습니다.

기존 K-GAAP를 적용하였을 때는 상환우선주를 자본으로 회계처리 하였기 때문에 발행회사는 부채비율을 증가시키지 않고 자금을 조달할 수 있는 장점이 있었습니다. 그러나 K-IFRS에서는 상환우선주를 발행한 기업의 부채비율이 상승할 가능성이 커졌습니다. 또한, 배당금을 금융비용으로 처리함으로써 당기순이익이 감소할 가능성이 큽니다.

금융자산 할인은 실질상 담보 차입금과 유사

일반적으로 기업은 상거래에서 발생한 어음 등의 채권을 만기까지 보유하지 않고 금융기관을 통해 일정액의 수수료를 차감한 후 현금으로 융통하는 경우가 많습니다. 예를 들어 백화점 상품권을 할인하여 현금화하는 경우를 생각하면 이해하기 쉬울 것입니다. 기존 K-GAAP에서는 이렇게 금융기관에서 할인한 금융자산은 양도(할인)한 기업의 회계장부에서 대부분 제거하도록 하였습니다.

그러나 K-IFRS에서는 금융자산의 제거조건을 까다롭게 정하고 있습니다. 이는 할인된 금융자산에 대한 원채무자, 즉 어음 등의 발행인이 금융기관에 어음 등의 금액을 만기 내에 상환하지 못하면 양도(할인)한 기업이 책임을 지게 되기 때문입니다. 즉, 위험과 보상이 아직 양도(할인)한 기업에 남아 있는 것으로 보아 원채무자가 최종적으로 금융기관에 채무금액을 입금하기 전까지는 그 매출채권을 양도한 기업의 재무제표에서 제거하지 못하도록 하는 것입니다.

이러한 이유로 K-IFRS에서는 할인된 매출채권 등을 그대로 회사의 재무상태표에 기재하고 추가로 차입금이 증가한 것으로 회계처리 하도록 하고 있습니다. 이렇게 되면 원채무자가 상환할 때까지 매출채권 등을 양도(할인)한 기업은 오히려 차입금이 증가하여 부채비율이 상승하게 됩니다.

예를 들어 3개월 후에 만기가 돌아오는 매출채권 100을 금융기관에서 할인하여 90을 받은 경우를 생각해 보겠습니다. 기존 K-GAAP에서는 기업의 재무상태표에는 매출채권 100이 사라지고 현금 90과 처분손실 10이 발생합니다. 하지만, K-IFRS에서는 매출채권을 담보로 하여 현금을 빌린 것으로 보아 매출채권 100이 그대로 재무상태표에 남고 차입금 100이 추가로 증가하게 됩니다. 따라서 기존 K-GAAP에 의한 회계처리보다 부채비율이 증가하게 됩니다.

기존 K-GAAP			
할인 전		할인 후	
차변	대변	차변	대변
매출채권 100		현금 90 매출채권처분손실 10	

K-IFRS					
할인 전		할인 후(원채무자 입금 전)		할인 후(원채무자 입금 후)	
차변	대변	차변	대변	차변	대변
매출채권 100		매출채권 100 현금 90 이자비용 10	차입금 100	현금 90 이자비용 10	

금융자산 할인과는 다르나 K-IFRS에서는 금융자산과 금융부채의 상계 또한 엄격히 제한하고 있습니다. 즉, K-IFRS에서는 금융자산과 금융부채에 대하여 법적 상계권한이 있어야 하고 회사 경영진이 순액으로 결제할 의도가 있을 때에만 금융자산과 금융부채를 상계할 수 있도록 하고 있습니다.

지급보증은 우발채무가 아닌 확정부채

지급보증이란 지급기일에 채무자가 채무를 이행하지 못할 경우 지급보증을 한 기업이 채무자가 지급해야 할 채무를 대신 지급하기로 하는 계약입니다. 예를 들어 건설업의 경우 시행사는 신용도가 높지 않아 자신의 신용으로는 금융기관에서 차입이 어려운 경우가 대부분입니다. 따라서 시행사의 신용을 보장하기 위해 시공사인 건설회사가 시행사를 위해 지급보증을 하는 경우가 많습니다. K-IFRS에서는 만약 시행사의 재무적 어려움으로 건설사가 시행사의 채무를 대신 지급해야 하는 확률이 50% 이상이면 그 지급보증을 부채로 인식하

Chapter

4

도록 하고 있습니다.

기존 K-GAAP에서는 지급보증을 한 회사가 원채무자의 채무불이행으로 보증채무를 대신 이행할 가능성이 80% 이상일 경우에만 부채로 인식하여 재무제표에 표시하도록 하였습니다. 그 외의 경우에는 우발채무로서 재무상태표에는 직접 나타나지 않고 주석에만 그 사실을 기재하였습니다. 그러나 K-IFRS에서는 이를 확정부채로 재무상태표에 표시하기 때문에 기존 K-GAAP에 비해 지급보증으로 인하여 부채가 증가할 가능성이 커졌습니다.

> **◆ 우발채무**
> 측정시점에서는 확정되지 않았으나 발생할 가능성이 있는 잠재적 채무

금융상품 관련 위험정보의 충분한 공시

K-IFRS에서는 금융상품의 공정가치와 금융상품 관련 위험관리 등에 대한 상세한 내역을 주석을 통해 공시하도록 요구합니다. 따라서 투자자는 금융상품과 관련하여 기존 K-GAAP에 비해 보다 상세한 정보를 제공하는 K-IFRS의 주석정보를 적극적으로 활용할 필요가 있습니다.

일반적으로 금융시장과 관련된 위험은 다음 표와 같이 신용위험, 유동성위험 및 시장위험으로 분류할 수 있습니다. 기업은 금융상품을 보유함으로써 이와 같은 여러 가지 위험에 노출됩니다. 기업은 이러한 위험의 성격과 정도를 투자자가 평가할 수 있도록 주석을 통해 충분히 공시해야 하며 담보나 신용 보장, 만기분석, 민감도분석 등 위험관리방법도 함께 공시해야 합니다.

〈금융시장과 관련된 위험의 종류〉

신용위험	기업이 대여해준 금액에 대해 차입자가 차입금을 상환하지 않아 기업이 손해를 볼 위험
유동성위험	기업이 차입금 상환 등 부채관련 의무를 이행하지 못할 위험
시장위험	기업이 외화차입금에 대한 환위험 등에 노출될 위험, 주식가격 변동위험 등 시장가격 변화에 따른 위험

　금융상품을 공정가치로 평가하는 경우에는 공정가치의 서열체계를 이용하여 공정가치 측정치의 수준을 구분합니다. 공정가치의 서열체계는 3가지 수준이 있습니다. 예를 들어 금융상품 중 주식의 경우, 한국거래소에서 거래되는 상장주식의 종가는 '수준 1', 장외시장에서 거래되는 비상장주식의 가격은 '수준 2', 시장에서 거래되지 않는 비상장주식의 공정가치 측정치는 '수준 3'으로 구분됩니다.

〈공정가치 서열체계〉

수준 1	동일한 자산이나 부채에 대한 활성시장의 공시가격
수준 2	직 · 간접적으로 관측 가능한 자산이나 부채의 투입변수
수준 3	관측 가능한 시장자료에 기초하지 않은 자산이나 부채에 대한 투입변수

　다음 표는 K-IFRS를 적용한 K사의 사업보고서에 기재된 금융상품 관련 위험정보의 공시사항 중 일부입니다. K사는 보유하고 있는 금융자산의 공정가치를 어떤 기준에 의해 측정했는지를 투입변수의 유의성에 따라 세분하고 있음을 알 수 있습니다.

〈금융자산의 공정가치 측정에 대한 주석 내용〉

29. 위험관리

(3) 공정가치

② 공정가치 서열체계

연결실체는 공정가치 측정에 사용된 투입변수의 유의성을 반영하는 공정가치 서열체계에 따라 공정가치 측정치를 분류하고 있으며, 공정가치 서열체계의 수준은 다음과 같습니다.

구 분	투입변수의 유의성
수준 1	동일한 자산이나 부채에 대한 활성시장의 공시가격
수준 2	직접적으로 또는 간접적으로 관측 가능한, 자산이나 부채에 대한 투입변수
수준 3	관측 가능한 시장자료에 기초하지 않은, 자산이나 부채에 대한 투입변수

당기 말과 전기 말 및 전기 초 현재 금융상품의 수준별 공정가치 측정치는 다음과 같습니다.

(단위: 백만 원)

구 분	수준 1	수준 2	수준 3	합 계
당기 말:				
금융자산				
– 매도가능금융자산	413,022	6,918	24,100	444,040
– 기타금융자산	1,212	–	–	1,212
– 장기예치금	118,121	–	–	118,121
– 현금및현금성자산	316,672	–	–	316,672
금융자산 합계	849,027	6,918	24,100	880,045
전기 말:				
금융자산				
– 매도가능금융자산	274,954	7,226	22,090	304,270
– 기타금융자산	1,723	–	–	1,723
– 장기예치금	110,261	–	–	110,261
– 현금및현금성자산	110,245	–	–	110,245
금융자산 합계	497,183	7,226	22,090	526,499
금융부채				
– 기타금융부채	–	(2,699)	–	(2,699)
전기 초:				
금융자산				
– 매도가능금융자산	221,023	2,000	29,741	252,764
– 기타금융자산	2,666	–	–	2,666
– 장기예치금	66,633	–	–	66,633
– 현금및현금성자산	146,218	–	–	146,218
금융자산 합계	436,540	2,000	29,741	468,281
금융부채				
– 기타금융부채	–	(25)	–	(25)

당기 중 (주)진매트릭스의 지분상품이 KOSDAQ 시장에 상장됨에 따라 수준 3에서 수준 1로 이동하였습니다. 또한 전기 중 Rexahn Pharmaceuticals, Inc.의 해외발행지분상품이 뉴욕증권거래소(New York Stock Exchange)에 상장됨에 따라 수준 3에서 수준 2로 이동하였으며, 전기 중 (주)셀트리온의 지분상품이 KOSDAQ 시장에 상장됨에 따라 수준 3에서 수준 1로 이동하였습니다.

12 재고자산

재고자산의 회계처리는 당해 기업의 매출원가를 확정하고 기말 재고자산을 산정하는 데 있어서 매우 중요한 사항입니다. 재고자산의 회계처리와 관련하여 K-IFRS와 기존 K-GAAP의 주요 차이점인 후입선출법의 금지를 중심으로 살펴보도록 하겠습니다.

재고자산의 측정으로 매출원가와 기말 재고자산가액 결정

재고자산에 대한 회계처리는 포괄손익계산서의 매출원가와 재무상태표의 기말 재고자산가액과 직결되는 중요한 사항입니다. 그렇다면 매출원가와 기말 재고자산가액은 어떠한 과정을 거쳐 결정될까요? 제조기업은 재고자산의 개념이 상대적으로 복잡하므로 이해를 돕기 위해 상품매매기업을 예를 들어 살펴보겠습니다.

> **재고자산**
> 기업이 판매를 위하여 보유(제품, 상품)하거나 생산과정에 있는 자산(재공품), 원재료, 소모품 등

우선 '판매 가능한 재고자산'의 개념을 알아보도록 하겠습니다. 상품매매기업의 경우 회계 기간에 판매 가능한 재고자산은 어떻게 산출될까요? 쉽게 짐작할 수 있듯이 기초에 보유한 재고자산과 당기에 매입한 재고자산을 합산한 금액이 바로 판매 가능한 재고자산이 될 것입니다. 이러한 판매 가능한 재고자

산은 기중(期中)에 판매된 부분과 판매되지 않고 기말까지 남아 있는 상품으로 구분될 수 있습니다. 여기에서 기중에 판매된 상품은 포괄손익계산서에 매출원가로 보고되고, 기말까지 판매되지 않고 남아 있는 상품은 재무상태표에 재고자산으로 보고될 것입니다.

〈재고자산의 흐름〉

여기에서 판매 가능한 재고자산을 확정한 후, 기말 재고자산가액을 산출할 수 있다면 매출원가는 자동으로 계산될 것입니다. 따라서 기말 재고자산의 평가가 중요한데 이는 매출원가로 인식할 금액을 결정하게 되며, 이는 곧바로 당기순손익에 영향을 미치게 되기 때문입니다.

기말 재고자산가액은 수량과 단가를 산정하여 결정

그렇다면 기말 재고자산가액은 어떻게 결정될까요? 기말 재고자산가액이 결정되기 위해서는 기말 재고자산의 수량과 단가가 계산되어야 할 것입니다. 여기에서 수량을 결정하는 방법은 기말 현재 실제 창고에 보관된 재고자산의 수량을 조사하는 실사법(실지재고조사법)이 있을 수 있습니다. 이 밖에도 재고자산의 증감을 계속 기록함으로써 당기 판매 가능 수량 중에서 당기에 실제로 판매된 수량을 차감하여 기말 재고수량을 계산하는 계속기록법이 있습니다.

재고자산의 취득단가는 원가흐름을 가정하여 산출

　　재고자산의 수량을 산정하는 방법은 비교적 간단한 반면, 재고자산의 취득단가 산정은 일정한 가정을 기반으로 하는 것이 일반적입니다. 즉, 이론적으로는 각각의 재고자산별로 취득원가를 확인하여 재고자산의 취득단가를 결정하는 것이 가장 합리적입니다. 그러나 개별 재고자산별로 취득단가를 확인하는 것은 현실적으로 쉬운 일이 아니므로 재고자산의 취득단가가 일정한 흐름을 갖고 있다고 가정하는데, 이를 원가흐름의 가정(cost flow assumptions)이라고 합니다. 원가흐름의 가정은 가정에 불과한 것이므로 재고자산의 실제 물적 흐름과 일치할 필요는 없습니다. 재고자산의 취득단가를 설정하는 방법에는 개별법, 가중평균법, 선입선출법, 후입선출법 등이 있습니다.

Chapter

4

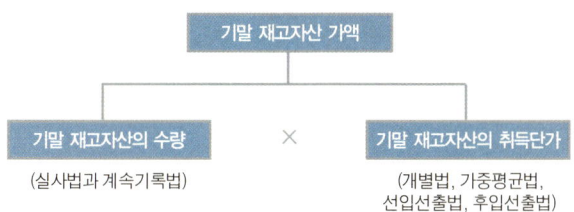

나중에 생산된 제품이 먼저 판매된다?

K-IFRS에서는 재고자산의 취득단가를 결정하는 방법으로 개별법, 선입선출법 및 가중평균법 등을 사용하도록 하고 있으며, 기존 K-GAAP에서 허용되었던 후입선출법은 금지하고 있습니다. 후입선출법은 나중에 매입하거나 생산된 재화가 먼저 판매되고 가장 오래전에 매입하거나 생산된 재화가 기말 재고로 남아 있다고 가정하는 방법입니다.

기업의 생산 흐름을 볼 때, 먼저 생산한 재고부터 판매되는 것이 일반적이므로 후입선출법의 가정은 현실성이 떨어집니다. 그럼에도 지금까지 많은 기업이 후입선출법을 적용한 이유는 무엇일까요?

일반적으로 시간이 흐름에 따라 물가는 상승하므로 나중에 생산하거나 매입한 재화의 원가가 기초에 생산하거나 매입한 재화의 원가보다 높을 것입니다. 후입선출법을 적용하게 되면 매출원가가 높은 재고자산이 먼저 판매되는 것으로 가정하는 것입니다. 따라서 매출원가가 상승하여 이익이 감소하게 되고 이에 따라 법인세를 줄일 수 있다는 장점이 있기 때문에 기업들은 물가상승기에 후입선출법을 선호하는 것입니다.

K-IFRS에서는 후입선출법 사용 금지

K-IFRS에서는 기존 K-GAAP와 달리 재고자산 금액 측정방법으로 후입선출법을 허용하지 않습니다. 왜냐하면, 후입선출법은 일반적으로 실제 원가흐름을 신뢰성 있게 반영하지 못하기 때문입니다. 즉, 후입선출법은 절세 목적으로 사용될 수 있으며 재무상태표에 표시되는 기말 재고자산이 오래전에 취득

한 단가를 반영하기 때문에 다른 방법에 비해 영업성과를 왜곡할 가능성이 크기 때문입니다. 이러한 점에서 경제적 실질을 중요시하는 K-IFRS의 원칙상 후입선출법은 받아들이기 힘든 가정입니다.

이에 반해 선입선출법은 기업 재고자산 흐름의 일반적인 형태로 인식되고 있습니다. 선입선출법은 K-IFRS의 원칙인 경제적 실질에 부합하는 원가흐름의 가정이라고 할 수 있습니다. K-IFRS에서는 후입선출법을 인정하지 않으므로 지금까지 기존 K-GAAP 하에서 후입선출법을 사용해온 기업은 선입선출법이나 가중평균법 등으로 회계정책을 변경해야 할 것입니다.

선입선출법으로 변경 시 재고자산 금액과 이익의 일시적 증가

그렇다면 일반적으로 시간이 흐름에 따라 물가가 상승한다고 가정할 때, 후입선출법에서 선입선출법으로 원가흐름의 가정을 변경하면 어떤 효과가 있을까요? 시간이 지남에 따라 물가가 상승하므로 재고자산의 가격(원가)도 상승할 것입니다.

즉, 어떤 기업이 매 분기 말에 상품을 1단위씩 모두 4단위를 매입했으며 분기마다 상품의 매입가격이 10씩 상승하였다고 할 때, 1분기 말에 매입한 상품(100)보다 4분기 말에 매입한 상품의 가격(130)이 더 높을 것입니다. 이 기업이 당해 연도 중에 3단위의 상품을 매출하고 나머지 1단위는 기말에 재고자산으로 보유하고 있다고 가정하겠습니다. 그러면 후입선출법과 선입선출법으로 계산한 기말 재고자산의 취득단가는 다음과 같이 계산될 것입니다.

IFRS 관련 신문기사 읽기

정유업계, IFRS 發 어닝 서프라이즈 온다

올해 정유업계가 국제회계기준(IFRS)에 의한 '어닝 서프라이즈'를 누릴 것이란 전망이 나오고 있다. 내년부터 국내 상장사와 금융회사들에 도입되는 IFRS가 후입선출법(LIFO, Last-In-First-Out)을 인정하지 않음에 따라 정유사들이 재고 평가방법을 바꾸기 때문이다. 올해부터 IFRS를 조기 도입한 GS칼텍스(비상장사)가 지난해 사업실적 결산 결과 순이익이 크게 늘어 내년 도입을 앞둔 SK에너지, 에쓰오일 등 상장 정유사들도 비슷한 효과를 거둘 것으로 기대된다.

29일 금융감독원 전자공시시스템에 따르면 GS칼텍스는 4,101억 원으로 계산됐던 지난해 순이익이 재고자산 평가방법을 LIFO에서 총평균법으로 바꾸면서 6,528억 원으로 불어났다. 연말 재고자산도 6,236억 원가량 더 늘어난 3조 4,807억 원으로 집계됐다. (중략)

재고자산의 가치가 시간이 흐를수록 감소하는 다른 산업들이 대부분 선입선출법(FIFO, First-In-First-Out)이나 총평균법을 적용하는 것과 달리, 원유는 시간에 따른 손실이 거의 없다는 특징을 고려해 그동안 GS칼텍스 등 국내 정유사들이 제품 원재료 등을 LIFO로 인식해 왔다.

하지만, 새 회계기순에 따라 평가방법을 바꾸면서 그동안 매출원가로 인식되지 않고 남아 있던 오래된 원유 재고까지 한꺼번에 원가로 반영되자 이익이 많이 늘어나게 된 것이다. GS칼텍스의 경우 지난해 매출원가에 1980년대 배럴당 10달러 수준에 들여왔던 재고들도 반영된 것으로 알려졌다. (중략)

Chapter

4

SK에너지는 감사보고서를 통해 GS칼텍스와 같은 총평균법으로 변경한다고 공시했고, 에쓰오일은 FIFO로 바꾸는 것으로 알려졌다. 에쓰오일은 이달 초 감사보고서를 통해 FIFO로 평가방법을 바꿀 경우 지난해 말 기준 재고자산 평가액이 404억 원가량 늘어난다고 밝혔다.

정제마진 악화로 부진에 빠진 정유사들의 실적이 개선되는 계기가 될 수 있다는 전망이 커지는 가운데, 일각에선 법인세 부담이 늘어나는 역효과가 나타날 것이라는 우려도 제기되고 있다.

(한국경제, 2010.3.29)

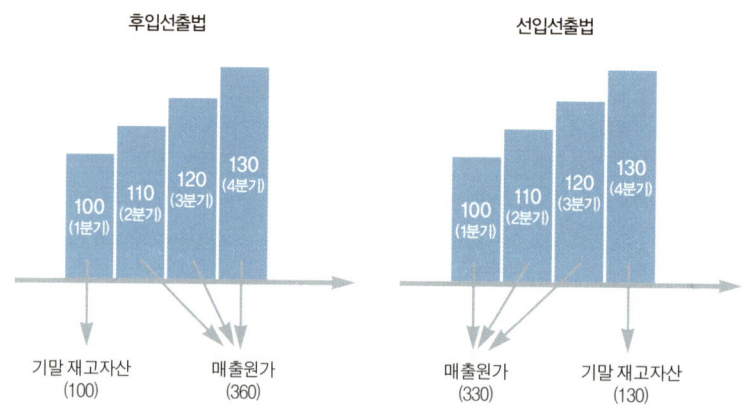

이 경우 후입선출법을 적용해온 기업이 선입선출법으로 재고자산 평가방법을 변경하게 되면, 기말 재고자산가액은 100에서 130으로 상승하게 됩니다. 반면에 매출원가는 360에서 330으로 감소함으로써 당해 기업의 당기순이익이 증가하게 될 것입니다.

결국, 재고자산의 단위원가 결정방법을 후입선출법에서 선입선출법이나 이동평균법 등으로 변경하게 되면 기말 재고자산의 금액이 커지게 되고 이는 결국 매출원가를 감소하게 하여 당기순이익의 증가를 가져올 것입니다. 이는 제조기업에서 다음의 매출원가 계산식을 통해서도 쉽게 이해할 수 있습니다.

$$\text{매출원가}(\downarrow) = \text{기초재고자산} + \text{당기제조원가} - \text{기말 재고자산}(\uparrow)$$

실제로 석유산업이나 가스산업 등에 속하는 기업의 경우 그동안 후입선출법을 적용해온 회사가 많습니다. 그런데, 이들 기업이 K-IFRS를 도입하면서 선입선출법이나 이동평균법으로 변경한 경우 매출원가 하락과 재고자산 평가차익 등의 반영으로 수익성이 일시적으로 호전된 사례를 볼 수 있습니다.

그러나 투자자들은 이러한 수익성의 호전이 기업 생산성이나 재무구조 개선과는 무관한 것으로서 단순한 평가방법의 변경에서 기인한 결과라는 사실을 잊지 말아야 합니다. 오히려 재고자산 평가방법의 변경에 따른 당기순이익의 증가는 법인세 부담을 가중시켜 기업의 실제 현금 유동성이 일시적으로 저하될 수 있음을 유의해야 할 것입니다.

13 퇴직급여

퇴직급여는 종업원이 퇴직 시 회사로부터 받는 금액으로서, 흔히 말하는 퇴직금을 의미합니다. 퇴직금은 종업원이 퇴직하는 시점에 현금으로 지급되지만, 종업원이 근무하는 기간에 비용으로 회계처리를 해야 합니다. 이러한 퇴직급여비용의 산정도 K-IFRS와 기존 K-GAAP 간에 주요한 차이점이 있습니다.

기존 K-GAAP의 퇴직급여 산정은 종업원이 일시에 퇴직한다는 비현실적 가정에 기초

기존 K-GAAP에서는 퇴직급여를 산정할 때 청산 개념에 기초하고 있습니다. 청산 개념이란 현재 시점에서 회사를 청산한다는 의미입니다. 회사를 청산하게 되면 회사는 청산시점의 모든 종업원에게 퇴직금을 지급해야 합니다. 결국, 회사를 현재 시점에서 청산한다고 가정할 때 예상되는 총 퇴직금 지급액이 기존 K-GAAP에서 정하는 퇴직급여비용이 됩니다.

이처럼 기존 K-GAAP에서는 회사가 계속기업으로 영위해 나가는 것을 상정하지 않고 회사가 청산된다는 가정을 기반으로 퇴직급여비용을 산정하고 있습니다. 따라서 청산 개념의 퇴직급여비용 산출방식은 계속기업이라는 회계의 기본전제에 위배되는 방식이며, 이러한 가정은 현실과 맞지 않는 비현실적 가정입니다. 따라서 이러한 가정하에 추정된 퇴직급여채무는 기업의 적정한 부채를 나타내기 어렵다는 문제점을 내포하고 있습니다. 그렇다면 기업의 실질을 중요시하는 K-IFRS에서는 퇴직급여채무 산정에서 이러한 비현실적 가정을 그대로 인정할까요?

K-IFRS는 미래에 지급할 퇴직금을 예측하여 퇴직급여비용 산정

K-IFRS에서는 기존 K-GAAP의 청산 개념이 아닌 예측급여 개념에 기초하여 퇴직급여를 산정합니다. 예측급여 개념이란 미래 예상 퇴직 시점의 급여에 기초하여 산정된 퇴직금을 현재가치로 할인하여 퇴직급여를 산정하는 개념입니다. 다음의 예를 통해 청산 개념과 예측급여 개념의 차이를 살펴보겠습니다.

> ### ◐ 현재가치와 미래가치
> 시간이 지남에 따라 인플레이션으로 인한 구매력 감소 등으로 인해 화폐의 미래가치는 현재가치보다 낮다. 미래가치와 현재가치와의 관계는 다음 수식과 같다.
>
> $$FV = PV(1+r)^n , \quad PV = \frac{FV}{(1+r)^n}$$
>
> (FV: 미래가치, PV: 현재가치, r: 할인율, n: 기간)

〈사례〉

> 가정 ① 근속연수: 3년
> 가정 ② 1인당 월평균급여: 1,000
> 가정 ③ 예상 추가 근속연수: 4년
> 가정 ④ 미래 임금상승률: 연 10%
> 가정 ⑤ 할인율: 5%

전체 종업원은 10명, 현재 1인당 월평균급여는 1,000, 현재까지 모든 종업원의 누적 근속연수는 3년으로 동일하게 가정하겠습니다. 기존 K-GAAP에서의 퇴직급여 회계처리는 '가정 ①'과 '가정 ②'로만 이루어집니다. 즉, 종업원이 현재 시점에서 일시에 모두 퇴직한다면 종업원에게 지급해야 할 퇴직금은 다음 표에서 보는 바와 같이 10명에 대해 ①근속연수(3년)에 ②월평균급여

(1,000)를 곱한 30,000으로 계산됩니다.

따라서 기존 K-GAAP에 따르면 회사는 퇴직급여채무를 30,000만 준비해 놓으면 됩니다. 가정은 전체 종업원(사례에서는 10명)이 현재 시점에서 일시에 퇴직하는 것으로 하여 퇴직급여채무를 산출했지만, 실제로 종업원은 현재 시점에 회사에 근무하고 있으므로 비현실적 가정에 근거하여 퇴직급여채무를 산정한 것입니다.

〈청산 개념에 의한 퇴직급여채무 계산〉

청산 개념
퇴직급여채무
= 10명 × 월평균급여 × 현재까지 근속연수
= 10명 × 1,000 × 3년
= 30,000

K-IFRS의 퇴직금 산정을 위해서는 미래변수 예측이 필요

앞의 사례를 가지고 K-IFRS의 예측급여 개념에 의한 퇴직급여채무를 산출해 보도록 하겠습니다. 기존 K-GAAP는 단순한 사실 2가지(①종업원의 현재까지의 근속연수, ②종업원의 현재 월평균급여)만을 가지고 퇴직급여채무를 산출하였습니다. 그러나 K-IFRS 방식으로 퇴직금을 산정하기 위해서는 몇 가지 변수를 예측해야 합니다.

우선 종업원이 향후 몇 년을 더 근무하고 퇴직할 것인지를 예측해야 합니다 (가정 ③). 그리고 종업원의 퇴직 시까지 급여가 상승하게 되는데 급여의 상승률 또한 예측해야 합니다(가정 ④). 또한, 미래에 지급될 퇴직금을 현재가치로 할인하기 위한 할인율도 결정해야 합니다(가정 ⑤). 일반적으로 할인율은 연도 말 우량회사채의 시장수익률을 참조하여 결정하고 있습니다.

이 사례에서 볼 수 있듯이 K-IFRS에서 퇴직급여채무를 계산할 때에는 기존 K-GAAP처럼 단순히 현재까지의 근속연수와 현재 월평균급여만 가지고 산출하는 것이 아니라, 미래의 변수를 예측하여 퇴직급여를 계산합니다. 앞의 사례에서 K-IFRS의 예측급여 개념에 따라 퇴직급여채무를 계산해 보면 표에서 보는 바와 같이 36,130으로 계산됩니다.

〈예측급여 개념에 의한 퇴직급여채무 계산〉

예측급여 개념
퇴직급여채무 = Ⓐ 10명 × 1,000 × $(1+0.1)^4$ × 7년 　× Ⓑ 3년/7년 　× Ⓒ $[1/(1+0.05)^4]$ = 36,130

　Ⓐ 종업원이 4년 후 퇴직 시점에서 받게 될 퇴직금(총 7년 근무)
　　(미래시점의 금액으로서 임금상승률은 연 10%)
　Ⓑ 현재까지 근무한 기간에 대한 퇴직금 추계액
　　(미래시점의 금액으로서 현재 시점까지는 3년 근무하였으므로 3/7을 곱함)
　Ⓒ 미래시점 금액을 현재가치로 할인(할인율: 5%)

Chapter

4

예측급여 개념은 변수의 추정이 합리적일 때 의미를 갖는다

미래변수를 합리적으로 추정할 수만 있다면, 비현실적인 가정을 기초로 퇴직급여채무를 산정하는 청산 개념보다 K-IFRS의 예측급여 개념이 보다 타당해 보입니다. 하지만, 예측급여 개념에 의한 퇴직급여채무의 산정은 미래변수를 예측하는 일이 힘들고, 판단하는 사람에 따라 보험수리적 가정이 달라질 수 있다는 분명한 한계를 가지고 있습니다. 앞의 사례에서도 종업원의 퇴직 시점 (가정 ③), 예상 급여상승률(가정 ④), 할인율(가정 ⑤) 등을 합리적으로 예측한 다는 것은 현실적으로 매우 어렵습니다. 따라서 이러한 변수에 대한 가정이 비 합리적일 경우에는 K-IFRS에서 의도하는 기업의 실질을 반영한다는 취지가 오히려 손상될 가능성이 있습니다.

앞의 사례에서 보는 바와 같이 일반적으로 할인율보다 임금상승률이 높다 고 가정하면 K-IFRS에 의한 퇴직급여채무가 기존 K-GAAP보다 더 크게 나 타납니다. 여기에서 할인율이 통상적으로 연도 말 우량회사채의 시장수익률 수준에서 결정된다고 할 때, 기업체별로 상이한 임금상승률 수준에 따라 퇴직 급여채무가 증가하거나 감소할 수 있을 것입니다.

또한, 투자자들은 종업원의 예상 근속연수, 임금상승률 등 해당 기업의 보험 수리적 가정이 합리적인지 주석을 통해 경쟁기업의 가정과 반드시 비교해 보 아야 합니다. 왜냐하면, 예측급여 개념에 기초한 퇴직급여의 산정은 그러한 가 정에 따라 비용과 부채금액이 크게 변동될 수 있기 때문입니다.

다음은 'K'사가 주석을 통해 공시한 보험수리적 평가를 위하여 사용된 주 요 추정내용입니다.

〈주석에 공시된 보험수리적 평가를 위한 추정〉

(7) 당기 말과 전기 말 및 전기 초 현재 보험수리적 평가를 위하여 사용된 주요 추정은 다음과 같습니다.

(단위: 백만 원)

구 분	제23(당)기 말	제22(전)기 말	제22(전)기 초
기대임금상승률	4.00~6.00%	3.98~6.50%	3.98~7.50%
할인율	4.81~5.80%	4.25~5.00%	5.00~5.78%
사외적립자산의 기대수익률	4.48~6.00%	4.25~6.50%	4.80~6.25%

연결실체는 확정급여채무의 현재가치 계산을 위하여 보고기간 말 현재 확정급여채무의 통화 및 예상지급시기와 일관성이 있는 우량회사채의 시장수익률을 참조하여 결정하였습니다.

(8) 주요 보험수리적 가정에 대한 민감도 분석 결과는 다음과 같습니다.

(단위: 백만 원)

구 분	1% 상승 시	1% 하락 시
임금상승률의 변동:		
확정급여채무의 증가(감소)	13,852	(11,724)
퇴직급여원가의 증가(감소)	3,784	(3,268)
할인율의 변동:		
확정급여채무의 증가(감소)	(12,336)	14,843
퇴직급여원가의 증가(감소)	(1,571)	1,837
사외적립자산 기대수익률의 변동:		
퇴직급여원가의 증가(감소)	(1,233)	1,233

확정급여채무의 증가(감소)는 당기 말 현재 확정급여채무의 현재가치를 기준으로 산출되었으며, 퇴직급여원가의 증가(감소)는 당기의 퇴직급여원가를 기준으로 산출되었습니다.

근무연수 1년 미만 종업원도 퇴직금 산정 시 포함

기존 K-GAAP에서는 1년 미만 근무한 종업원은 퇴직금 지급대상에 포함하지 않았습니다. 이는 법(근로자퇴직급여보장법)에 따라 근무연수가 1년 미만인 종업원은 퇴직금 지급대상에서 제외되기 때문입니다. 그러나 K-IFRS에서는 예측급여 개념에 의한 퇴직급여채무 산정 시 1년 미만 근무자도 포함하도록 하고 있습니다. 그 이유는 현재 근무연수가 1년 미만인 종업원도 향후 1년 이상 근무할 가능성이 크고, 이 경우 미래에 퇴직금 지급대상이 될 것이기 때문입니다. 이는 기존 K-GAAP에 비해 퇴직급여채무금액이 증가하게 되는 요인으로 작용할 것으로 보입니다.

14 건설계약

기존 K-GAAP에서는 완성까지 장기간이 소요되는 건설회사의 건설공사의 경우 공사진행률을 적용하여 매출(공사수익)을 인식하도록 하고 있습니다. 그런데 K-IFRS에서는 자체 아파트 분양공사 등을 이러한 건설계약으로 보지 않습니다. 건설계약과 관련된 두 회계기준 간의 차이점을 알아보도록 하겠습니다.

건설계약은 진행기준을 적용하여 수익 인식

일반적으로 재화는 당해 재화의 인도시점에 수익을 인식하며, 이와 관련된 비용은 발생한 수익에 대응하여 그 회계 기간에 인식하는 것이 보통입니다. 한편, 건설계약은 교량, 건물, 댐, 도로, 선박, 터널 등과 같이 그 자산을 완성하는 데까지 비교적 장기간이 소요되는 계약입니다. 따라서 건설계약의 수익과 비용은 일반적인 재화와는 다른 방식으로 회계처리 하고 있습니다.

즉, 건설계약은 계약수익과 계약원가를 기준으로 공사진행률에 따라 수익과 비용을 인식하는 것이 원칙입니다. 예를 들어 A건설회사가 발주처 B와 다음의 내용으로 교량 건설계약을 체결하였다고 가정하겠습니다. 건설계약금액, 즉 계약수익은 100, 계약원가는 70이며, 계약기간은 3년입니다. 첫해에 계약의 진행률이 40%라고 가정한다면 당해연도의 수익과 비용은 각각 40(100×40%)과 28(70×40%)이 될 것입니다.

만일 건설계약에 이러한 진행기준을 적용하지 않고 인도기준(引渡基準) 등 일반적인 수익 인식 기준을 적용한다면 A건설회사의 수익과 비용은 3년 후 교량 건설이 완성된 시점에 일시에 발생하게 될 것입니다. 이러한 불합리성으로 인해 회계적으로 건설계약의 수익과 비용은 진행기준에 따라 인식합니다.

아파트 분양은 건설계약이 아닌 제품매출

그렇다면 우리나라 건설회사 매출의 상당 부분을 차지하는 자체 아파트 분양공사는 건설계약에 해당할까요? 기존 K-GAAP에서는 그동안 아파트 건설공사를 일반 도급공사와 동일하게 건설계약으로 보아 진행기준을 적용하여 수익을 인식하였습니다. 이러한 진행기준의 적용으로 수익, 즉 분양금액이 건설공사가 시작되어 완공되는 시점까지 공사진행률에 따라 적절히 배분될 수 있었습니다.

그러나 K-IFRS에서는 건설계약을 기존 K-GAAP에 비해 상당히 엄격하게 제한하고 있습니다. K-IFRS에서 정의하는 건설계약이란 구체적으로 합의된 계약으로서, 구매자의 상세한 주문을 만족해야 합니다. 즉, 구매자가 설계구조를 지정할 수 있으며 건설이 진행 중인 상태에서도 주요 구조변경을 지정할 수 있어야 합니다. 예를 들어 교량 건설공사를 하는 경우 교량 건설공사의 발주자가 교량에 대한 실계 명세를 건설회사에 제시하고 설계대로 교량을 건설하도록 주문할 때에만 건설계약으로 인정되어 진행기준이 적용될 수 있습니다.

따라서 이러한 K-IFRS 기준에서 아파트 분양공사를 건설계약으로 볼 수 있으려면 아파트 분양고객(계약자)이 건설 개시 이전에 아파트 구조의 설계를 특별히 지정할 수 있거나 건설 중에 아파트 구조의 중요한 설계변경을 요구할 수 있어야 합니다. 그러나 아파트 등 우리나라 건설회사가 수행하는 자체 분양공

Chapter

4

사의 경우 구매자가 건설 개시 이전에 주요 설계구조를 지정하거나 변경하는 경우는 극히 드뭅니다. 즉, 아파트 분양고객은 건설업체가 제시하는 아파트 설계를 수용하거나 기본설계에 작은 변형만을 지정할 수 있기 때문에 K-IFRS에서는 이를 건설계약이 아닌 재화의 매출로 보는 것입니다.

K-IFRS에서는 건설회사가 제조기업의 일반적인 제품처럼 아파트를 완성하여 고객에게 판매하는 것으로 보아 판매시점에서 매출을 인식합니다. 사례를 이용하여 아파트 공사의 매출과 매출원가를 진행기준과 완성기준으로 인식할 경우의 차이점을 살펴보겠습니다.

〈사례〉

A건설회사는 아파트 분양사업을 다음과 같이 수행함
① 아파트 건설공사 기간 : 2년(2009.1.1~2010.12.31)
② 계약금액 : 1,000
③ 공사원가 : 800
④ 진행률 : 2009년과 2010년 각각 50%

〈진행기준과 완성기준에 따른 아파트 공사매출의 회계처리〉

진행기준(기존 K-GAAP)			완성기준(K-IFRS)		
구 분	2009년	2010년	구 분	2009년	2010년
매출	500	500	매출	0	1,000
매출원가	(400)	(400)	매출원가	0	(800)
당기순이익	100	100	당기순이익	0	200

IFRS 관련 신문기사 읽기

IFRS 도입 후 주택사업 계륵 될까? 건설업계 "끙끙"

"IFRS(국제회계기준)가 도입되면 대형 주택사업은 씨가 마를 수도 있다. 3년 후 평가를 받게 되는 구조로 바뀌면 사업을 추진한 일부 경영진의 경우 임기 내에 아무런 실적이 잡히지 않게 된다. 실적을 보여줘야 하는 경영진으로선 부담될 수밖에 없다."

내년 IFRS 도입을 앞두고 건설업체들의 속이 타들어 간다. IFRS가 도입되면 주택분양사업은 인도기준으로 수익이 인식돼 매출이 이연되고 중도금은 부채로 인식돼 재무지표를 악화시킬 수 있기 때문이다. 현재 회계기준으로는 자체 분양공사의 매출액은 진행기준으로 잡히고 있다. 부동산 불황의 장기화로 힘든 주택사업이 내년 IFRS란 장애물로 위축될 가능성이 더욱 커진 셈이다.

그렇다고 건설업체 사업포트폴리오에서 중요한 비중을 차지하는 주택을 포기하기도 어렵다. 그야말로 한때 '짓기만 하면 이익이 난다'며 핵심사업으로 분류됐던 주택부문이 먹자니 먹을 게 없고 버리자니 아까운 닭갈비(계륵, 鷄肋)로 전락할 지경에 처한 것이다. (중략)

ㅇㅇㅇ 건설산업연구원 연구위원은 "IFRS가 도입되면 주택분양사업에서 완공 후 입주가 돼야 매출과 수익을 잡을 수 있고 계약자가 낸 중도금은 부채에 포함된다"며 "주택사업 비중이 높은 건설사는 타격을 많이 받게 된다"고 말했다.

이미 대형 건설사들이 주택사업 비중을 줄이고 있다는 점도 IFRS 적용 후 주택사업을 축소해야 할 주장의 근거가 됐다. 현대건설은 2008년 말 기준 23.4%였던 주택사업 비중을 올 상반기 15.30%로 8.1%포인트나 낮췄다. 삼성건설도 같은 기간 주택사업 비중을 40%에서 36%로 줄였다. GS건설, 대우건설, 대림산업 역시 이 기간 주택사업 비중이 2.49%포인트, 7%포인트, 6.3%포인트씩 떨어졌다.

주택사업 기간과 경영진 임기와 맞물린다는 점도 부담요인으로 꼽혔다. ㅇㅇㅇ 한화건설 주택사업팀 전무는 "주택사업은 평균 3년 정도 소요된다"며 "이익이 많이 난 사업이나, 그렇지 못한 사업이나 모두 3년 후 회사 경영 수지에 평가되는데 그 기간 내 주택사업 담당자가 바뀔 수 있고 경영진이 바뀔 수도 있다"고 지적했다.

(아시아경제, 2010.11.11)

자체 아파트 분양사업 비중이 큰 건설회사의 당기순이익 변동성 증대

그렇다면 K-IFRS에서는 모든 종류의 아파트 분양공사에 대해 진행기준을 적용하지 못할까요? 그렇지 않습니다. 건설회사가 도급을 받아서 공사를 수행하는 분양도급공사의 경우에는 건설사 입장에서는 건설용역만을 제공하므로 기존 K-GAAP와 마찬가지로 진행기준을 적용하여 수익을 인식합니다.

앞의 사례에서 보는 바와 같이 완성기준을 적용하면 공사가 완공되었을 때 매출과 당기순이익이 일시에 실현됩니다. 따라서 전체 매출에서 자체 아파트 분양공사의 비중이 큰 중·소형 건설회사는 연도별 당기순이익의 변동성이 확대될 것으로 예상됩니다. 대형 건설회사의 경우에는 수주잔량이 많기 때문에 매출의 변동성이 상대적으로 작지만 중·소형 건설회사는 매출의 변동성이 매우 커질 수 있습니다.

또한, 공사가 완성되기 전까지는 공사에 투입된 원가는 재고자산으로 계상되고 미리 받은 분양대금은 부채인 선수금으로 계상됩니다. 따라서 K-IFRS 도입 초기에는 부채로 계상되는 선수금으로 인해 건설회사의 부채비율이 증가할 수 있습니다.

그러나 이러한 영향은 K-IFRS 도입 초기에 일시적으로 나타날 것으로 예상됩니다. 왜냐하면, 일정 시간이 경과하면 하나의 회계연도 중에 진행 중인 공사와 완성한 공사가 혼재하여 수익인식기준의 변경 효과가 상쇄될 것이기 때문입니다.

특수목적기업(SPE)인 시행사도 연결대상에 포함될 수 있다

또한, 투자자들은 건설회사의 연결대상에 시행사가 새로이 포함될 수 있음을 유의할 필요가 있습니다. 앞의 'Chapter 3'의 'Section 1(연결 중심의 공시체제)'에서 살펴보았듯이 K-IFRS에서는 프로젝트 파이낸싱(PF) 등 특별한 목적을 위하여 설립된 특수목적기업도 일정요건을 충족할 경우 연결대상에 포함됩니다. 기존 K-GAAP에서는 이러한 특수목적기업은 연결대상에서 제외되었습니다. 따라서 시행사에 의한 매출비중이 높은 건설회사는 시행사의 재무상태와 경영성과에 의해 연결손익과 연결자기자본이 영향받을 수 있음을 유의해야 합니다.

10대 건설사,
IFRS 도입 땐 부채비율 150%P 높아진다

국제회계기준(IFRS)이 내년에 도입되면 10대 건설사 부채비율이 평균 150%포인트 높아지는 것으로 나타났다. 특히 주택사업 비중이 크고 프로젝트 파이낸싱(PF)을 많이 하는 건설사들은 부채비율이 최대 10배까지 높아지는 등 재무건전성 지표가 크게 악화될 전망이다. 건설사 부채비율 증가는 해외 수주 활동에 장애가 되는 것은 물론 주택분양에도 차질을 빚을 수 있다.

새 IFRS 도입은 모든 산업 재무제표에 전반적으로 영향을 미치지만, 건설업계가 가장 큰 타격을 입을 것이라는 게 전문가들 견해다. IFRS에 따르면 일정 요건을 갖춘 특수목적회사를 연결재무제표 작성 대상에 포함하도록 하고 있는데, 이렇게 되면 건설사들은 영세한 시행사들을 연결대상에 넣어야 하기 때문이다.

대한건설협회에 따르면 시행사 연결 시 10대 건설사 부채비율은 평균 150%포인트 높아지는 것으로 추정됐다. 부채비율이 406%포인트나 높아지는 곳도 있었다. 주택사업 비중에 따라 증가 정도에 차이가 있지만 10대 건설사들은 대체로 50~400%포인트가량 부채비율이 높아지게 된다.

(매일경제, 2010.12.23)

Chapter

4

15 고객충성제도(마일리지제도)

비행기를 탑승할 때 제공되는 마일리지나 신용카드 사용금액에 비례하여
쌓이는 포인트는 기업 입장에서 보면 고객을 유인하는 효과적인 판촉수단
입니다. 그렇다면 이러한 마일리지의 가치는 현재의 판매비용일까요, 아니
면 미래의 매출일까요? 마일리지제도의 회계처리와 관련하여 K-IFRS의 특
징을 살펴보도록 하겠습니다.

판매를 촉진하지만 기업의 잠재적 부담으로 남는 마일리지제도

직장인들은 점심식사 후 커피숍에서 커피를 마시는 경우가 많습니다. 이때,
대부분 커피숍은 마일리지제도나 쿠폰제도를 도입하여 일정 수량 이상 커피
를 구매하면 공짜로 커피를 제공하고 있습니다. 이렇듯 마일리지제도나 포인
트제도는 고객의 충성도를 높일 수 있는 유효한 마케팅 수단으로 사용되고 있
습니다. 반면에 이를 시행하고 있는 기업은 미래에 고객의 요구가 있을 경우
할인된 가격이나 무상으로 재화나 서비스를 제공해야 하는 잠재적 부담을 안
게 됩니다.

그렇다면 이러한 마일리지나 보상포인트는 회계적으로 어떻게 처리하는 것
이 합리적일까요? 기존 K-GAAP와 K-IFRS는 이에 대해 서로 다른 입장을 취
하고 있습니다. 다음의 예를 보면서 마일리지제도의 회계처리에 대하여 알아
보도록 하겠습니다.

A커피숍의 커피 한 잔의 가격은 2,000원이며 원가는 1,600원입니다. A커

피숍은 커피 한 잔을 구매하는 고객에게 무료쿠폰을 한 장씩 지급하고 있습니다. 고객이 쿠폰 10장을 모아오면 무료로 한 잔의 커피를 제공하고 있습니다. A커피숍은 과거 경험상 무료쿠폰을 제공받은 고객은 100% 모두 무료쿠폰을 사용하는 것으로 보고 있습니다. 어느 고객이 당기에 10회에 걸쳐 커피를 구매하였으며 이후 당기에 무료쿠폰을 사용하여 무료로 한 잔의 커피를 제공받았습니다.

마일리지 제공에 의해 발생한 매출은 전액 현재의 매출일까?

여기에서 고객이 커피 한 잔을 구입한 경우 A커피숍은 2,000원을 받게 되는데, 이 2,000원에는 분명히 미래에 무료로 커피 한 잔을 제공해야 하는 의무에 대한 대가가 포함되어 있습니다. 그렇다면 이때, 현재 시점에서의 매출액은 얼마로 보아야 할까요? 2,000원일까요? 아니면 미래에 부담하게 될 금액을 제외한 금액만을 이번 매출로 보아야 할까요? 여기에서 기존 K-GAAP와 K-IFRS의 수익 인식에 차이점이 발생합니다.

기존 K-GAAP는 전액 현재의 매출로 인식

우선 기존 K-GAAP에서는 2,000원의 현금이 유입된 시점에서 이를 전액 매출로 인식합니다. 또한, 한 잔을 팔았을 때의 원가(1,600원)의 1/10인 160원은 미래의 판매를 촉진하기 위한 현재의 비용인 판매비로 회계처리를 합니다. 이는 미래에 무료쿠폰 회수 시 커피숍이 부담해야 하는 커피 한 잔의 원가(1,600원)를 판매횟수로 나눈 금액으로서, 이를 현재의 비용으로 본 것입니다. 다만, 이 비용은 현재 시점에는 자산의 유출이 없고 미래 시점에 지출될 것이

Chapter

4

므로 부채(충당부채)로 인식합니다. 기존 K-GAAP에 따른 회계처리(분개)는
다음과 같습니다.

(단위: 원)

①	차변	현금	2,000	대변	매출	2,000
②	차변	매출원가	1,600	대변	재고자산	1,600
③	차변	판매비	160	대변	충당부채	160

K-IFRS에서는 현재 매출 중 일부를 미래 보상시점에 인식

반면에 K-IFRS에서는 2,000원 중 미래에 발생하게 될 금액인 200원
(2,000원÷10)을 현재의 매출로 보지 않고 무료쿠폰이 행사되는 시점에 매출
로 보아야 한다는 입장입니다. 즉, 200원은 일종의 상품권을 판매한 것과 같
은 개념이므로 비록 현금이 유입되었다 할지라도 판매시점에 매출로 보아서
는 안 되고 쿠폰이 회수되는 시점에 매출로 인식해야 한다는 입장입니다. 따라
서 K-IFRS에 의하면 커피 한 잔을 팔았을 때 매출액은 1,800원이며 200원은
미리 받은 일종의 선수금과 같은 부채(이연수익)로 보는 것입니다. K-IFRS에
따른 회계처리(분개)는 다음과 같습니다.

(단위: 원)

①	차변	현금	2,000	대변	매출	1,800
				대변	이연수익	200
②	차변	매출원가	1,600	대변	재고자산	1,600

이렇게 커피를 판매할 때마다 10회에 걸쳐 매번 서로 다른 회계처리를 하게
됩니다. 그렇다면 이후 고객이 무료쿠폰을 사용하는 시점에서는 두 회계기준
간에 어떤 차이점이 있을까요?

우선 기존 K-GAAP에서는 미리 자산유출을 예상하여 쌓아왔던 부채의 누적액(160원×10회=1,600원)을 소멸시키고 무료로 제공하는 커피의 원가(1,600원)만큼 재고자산을 감소시키는 회계처리를 합니다. 왜냐하면, 이 시점에 와서야 그동안 예상했던 자산의 유출(재고자산 감소)이 실제 이루어지고, 따라서 이를 대비해 쌓아왔던 부채가 소멸되는 것입니다. 매번 판매시점에서 매출과 비용을 모두 인식했기 때문에 무료쿠폰의 회수시점에는 별도의 매출인식이 없습니다.

(단위: 원)

차변	충당부채	1,600	대변	재고자산	1,600

그러나 K-IFRS에서는 실제 무료쿠폰이 청구되는 이 시점에서 기존에 미루어 왔던 매출(200원×10회=2,000원)을 비로소 인식하게 됩니다. 따라서 판매시점마다 미리 받아 부채로 인식했던 금액(200원×10회=2,000원)은 소멸됩니다.

(단위: 원)

	차변				대변		
①	차변	이연부채	2,000	①	대변	포인트매출	2,000
②	차변	포인트원가	1,600	②	대변	재고자산	1,600

두 회계기준 간에는 마일리지 매출을 인식하는 시점이 다르다

여기에서 당기 말 손익을 계산해 보겠습니다. 우선 기존 K-GAAP의 매출은 판매시점마다 인식한 매출의 합계액이므로 20,000원(2,000원×10회)이 될 것입니다. 이에 대한 비용으로는 매출원가(1,600원×10회=16,000원)와 판매비(160원×10회=1,600원)가 있을 것입니다. 따라서 당기순이익은 2,400원(20,000원-16,000원-1,600원)이 됩니다.

한편, K-IFRS에서의 매출은 판매시점마다 인식한 18,000원(1,800원×10회)과 무료쿠폰 행사 시 인식한 포인트 매출 2,000원의 합인 20,000원이 될 것입니다. 이에 대한 비용으로는 판매할 때마다 인식한 매출원가 16,000원(1,600원×10회)과 무료로 커피를 제공하면서 인식한 포인트 매출에 대한 원가 1,600원의 합인 17,600원이 있을 것입니다. 따라서 당기순이익은 2,400원(20,000원−17,600원)으로 기존 K-GAAP와 동일하게 됩니다.

결국, 기존 K-GAAP와 K-IFRS는 마일리지에 대한 회계처리 시 수익을 인식하는 시점에서 근본적인 차이가 발생한다고 할 수 있습니다. K-IFRS 도입 초기에는 일부 매출이 이연처리되어 매출액이 감소할 수 있으나, 시간이 경과함에 따라 이연된 마일리지가 매출로 인식됨으로써 감소한 매출 부분과 상쇄되어 그 영향은 미미할 것으로 예상됩니다.

보상포인트 요구율이 합리적으로 추정되었는지 점검하자

그렇다면 이러한 마일리지제도와 관련하여 투자자가 유의해야 할 사항은 무엇일까요? 무엇보다도 투자자는 마일리지제도를 운영하고 있는 기업의 매출액이 과대계상되지는 않았는지 살펴볼 필요가 있습니다. 즉, 미래에 보상포인트에 대한 요구가 어느 정도 이루어질 것인가에 대한 가정이 합리적인지를 따져봐야 할 것입니다.

이는 보상포인트 요구율을 지나치게 낮게 가정할 경우 매출액이 과대계상되고 부채비율이 감소하기 때문입니다. 앞의 사례에서 보상포인트 요구율이 100%가 아닌 50%로 가정한다면 K-IFRS에 의한 당기매출은 1,800원이 아니라 1,900원이 되며 그 금액(100원)만큼 부채가 감소합니다. 이로 인해 회사

입장에서는 보상포인트 요구율을 낮게 가정할 유인이 충분하다고 할 수 있습니다.

K-IFRS 도입으로 부채비율이 상승할 수 있다

또 하나의 유의점을 들자면, K-IFRS 도입으로 부채비율이 상승할 수 있다는 사실입니다. 이는 기존 K-GAAP에서는 마일리지 포인트를 사용할 때 발생하는 원가(앞의 예에서는 160원)를 부채(충당부채)로 계상하는 반면, K-IFRS에서는 마일리지 포인트의 공정가치(앞의 예에서는 200원)를 부채(선수수익)로 계상하기 때문입니다. 그러나 이러한 부채비율의 증가는 현금유출을 발생시키지 않는 장부상의 비율증가라는 점을 유의해야 합니다.

투자자들은 이러한 점들을 고려하여 백화점 등 유통업체와 정유사 및 항공사 등 마일리지제도를 활발하게 운영하고 있는 기업의 재무제표를 읽을 수 있어야 하겠습니다.

IFRS
투자자와 함께 읽는
국제회계기준[IFRS]

Chapter

5

K-IFRS 조기 도입 기업의
재무제표 실전 분석

5

Chapter

들어가며

독자들은 앞의 'Chapter 1~4'에서 K-IFRS에 의해 작성된 재무제표를 이용할 때
유의해야 할 사항과 K-IFRS의 특징 및 주요 계정과목별 기존 K-GAAP와의 차
이점을 자세히 알아보았습니다. 이번 'Chapter 5'에서는 실제로 K-IFRS를 도
입한 기업의 재무제표를 통해 앞에서 살펴본 내용을 적용하고 확인해 보도
록 하겠습니다.

독자들은 이번 Chapter의 실제 사례분석을 통해 앞으로 관심 있는 기업
이 작성한 K-IFRS 기준 재무제표를 분석하는 데 있어서 활용 가능한 가
이드라인을 얻을 수 있을 것입니다.

01 K-IFRS를 최초 채택할 때 기존 재무제표의 소급 재작성

원칙적으로 새로운 회계기준을 최초로 적용하려면 기준시점의 재무제표도 소급하여 재작성해야 합니다. 그러나 K-IFRS를 일일이 소급해서 재무제표를 재작성해야 한다면 시간과 비용이 그 효용을 훨씬 초과하게 될 것입니다. 그렇다면 K-IFRS를 최초로 적용할 때 기준시점의 재무제표는 어느 범위까지 소급해서 재작성해야 할까요?

K-IFRS 최초 적용 시 개시재무제표를 전면 재작성해야 할까?

원칙적으로 회계기준이 변경되면 새로운 회계기준을 소급적용하여 기준시점 이후의 재무제표를 재작성해야 기간 간 비교 가능성이 확보됩니다. 예를 들어 2011년에 최초로 K-IFRS를 도입하는 기업의 경우, 전환일인 2010년 1월 1일 이후의 재무제표도 동일한 기준인 K-IFRS를 적용하여 재작성되어야 2011년 재무정보가 비교 의미가 있게 될 것입니다.

그렇다면 K-IFRS 최초 채택 시 기준시점 이후의 과거 재무제표(여기에서는 2010년 재무제표)에 있는 모든 항목에 대해 새로운 회계기준을 소급적용해야 할까요? 만일 재무제표의 모든 항목에 대해 K-IFRS를 일일이 소급적용해서 재무제표를 재작성한다면 이로 인해 기대되는 효용보다 비용이 훨씬 더 클 수 있습니다.

K-IFRS에서는 새로운 회계기준의 최초 채택 시 이러한 불합리성을 경감시키기 위해 별도의 기준서(K-IFRS 제1101호)를 제정하였습니다. K-IFRS 제

Chapter

5

1101호에서는 개시재무제표 작성 시 일부 회계처리 항목에 대해 새로운 회계기준으로의 소급적용을 면제하고 일부 항목은 소급적용 자체를 금지하고 있습니다.

즉, K-IFRS를 소급적용할 경우 기대되는 효용보다 비용이 큰 경우를 특정하여 선택적으로 소급적용을 면제하고 있습니다. 이로써 기업들은 모든 항목에 대해 새로운 회계기준을 소급적용해야 하는 수고를 일정 부분 덜 수 있게 되었습니다. 또한, 소급적용 시 충분한 신뢰성을 확보할 수 없는 경우에는 의무적으로 소급적용을 금지하고 있습니다. K-IFRS에 의해 개시재무제표의 소급적용이 면제되거나 금지되는 구체적인 항목은 다음과 같습니다.

〈K-IFRS 최초 채택 시 소급적용 면제 및 금지항목〉

◆ 소급적용 면제항목
1) K-IFRS 전환일 이전에 발생한 사업결합
2) 공정가치 또는 재평가액을 간주원가로 사용
3) 종업원급여 : 보험수리적 손익에 대한 면제조항
4) 누적환산차이 : 누적해외사업환산차(대)
5) 복합금융상품
6) 종속회사/관계회사/조인트벤처의 자산과 부채
7) 과거 인식된 금융상품의 분류지정
8) 주식기준보상거래
9) 보험계약
10) 유형자산의 원가에 포함된 사후처리 및 복구관련 충당부채의 변동
11) 리스판단의 기준시점
12) 최초인식시점의 금융자산/부채의 공정가치 측정
13) 민간투자사업에 따른 금융자산 또는 무형자산
14) 차입원가
15) 별도재무제표에서 종속회사, 관계회사와 조인트벤처 투자의 원가
16) 고객으로부터의 자산 이전

◆ 소급적용 금지항목
1) 금융자산과 금융부채의 제거   2) 위험회피회계
3) 비지배지분   4) 추정치

기업별로 선택한 소급적용 면제조항이 다를 수 있다

물론 소급적용이 면제되거나 금지되는 항목들을 제외한 나머지 모든 계정과목은 K-IFRS를 소급적용하여 개시재무제표를 재작성해야 합니다. 여기에서 개시재무제표란 전환일의 재무제표를 의미합니다. 개시재무제표 중 K-IFRS의 도입으로 기업이 가장 먼저 작성해야 하는 재무제표가 개시재무상태표입니다. 예를 들어 2011년에 K-IFRS를 최초로 도입하는 12월 말 결산법인은 2010년 1월 1일이 전환일이며, 이날 현재의 재무상태표가 개시재무상태표가 됩니다.

투자자들은 K-IFRS 최초 적용 기업의 개시재무제표를 이용할 때 선택적 면제조항 중 기업별로 선택한 회계처리와 이에 따른 영향을 충분히 고려할 필요가 있습니다. 왜냐하면, 기업은 선택적 면제조항의 적용 여부를 결정할 수 있고 면제조항의 적용 시 각자에게 유리한 방향으로 면제항목을 선택할 것이기 때문입니다. 즉, 기업이 선택적 면제조항을 어떻게 적용하느냐에 따라 K-IFRS에 의한 개시재무상태표가 변동될 것이며, 이는 향후 재무제표에도 지속적으로 영향을 미칠 것이기 때문입니다.

예를 들어 보겠습니다. 전환일의 유형자산 가치를 정할 때는 취득시점부터 K-IFRS를 소급적용하는 것이 원칙이지만, '공정가치 또는 재평가액을 간주원가로 사용'함으로써 소급적용을 면제받을 수 있습니다. 즉, 2011년에 최초로 K-IFRS를 도입하는 기업 A가 개시재무상태표에 표시되는 토지의 장부가격을 산정하는 방법은 다양합니다. 우선 그 토지의 취득시점부터 K-IFRS를 소급적용하여 전환일의 장부가격을 정하는 방법을 고려할 수 있습니다.

이러한 소급적용이 원칙이지만 K-IFRS에서는 유형자산에 대해 소급적용을 면제받을 수 있도록 하고 있습니다. 즉, 과거시점까지 일일이 소급적용하여 전환일의 장부가격을 산정하지 않는 대신 ①최초 취득당시의 취득원가나 ②전환일 이전에 과거 회계기준에 따라 재평가한 가액 또는 ③전환일의 공정가치 중 하나를 전환일의 간주원가로 사용함으로써 소급적용을 하지 않아도 되도록 하고 있습니다. 따라서 기업이 소급적용 면제항목을 선택했는지와 소급적용 면제 시 채택한 회계처리 방법에 따라 전환일 이후의 재무제표가 달라질 수 있음을 유의하여야 할 것입니다.

K-IFRS 최초 채택 시 공시하여야 하는 재무제표의 종류

K-IFRS에서는 K-IFRS를 최초로 적용하는 사업연도에는 ①3개의 재무상태표, ②2개의 포괄손익계산서, 현금흐름표, 자본변동표, ③비교정보를 포함한 관련주석을 공시하도록 하고 있습니다. 또한, 과거회계기준에서 K-IFRS로의 전환이 재무상태, 경영성과와 현금흐름에 어떠한 영향을 미치는지 주석을 통해 설명하여야 합니다. 이는 전기와 당기의 정보를 함께 공시하도록 함으로써 재무정보 이용자가 전기와 당기의 정보를 기간 간 비교하여 합리적인 의사결정을 할 수 있도록 하기 위함입니다.

2011년에 K-IFRS를 최초 적용하는 12월 결산법인의 공시일정과 2011년 연간 재무제표의 종류는 다음과 같습니다.

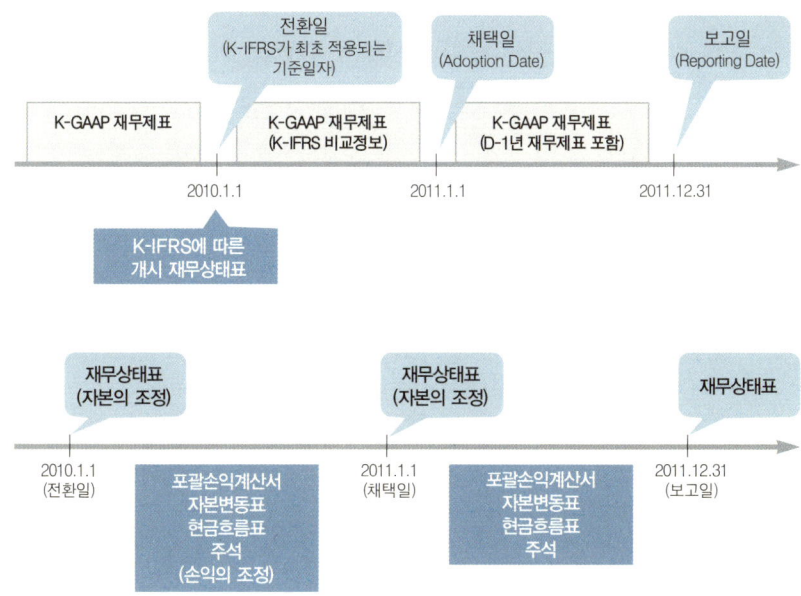

예를 들어 2011년에 최초로 K-IFRS를 채택하는 12월 말 결산법인의 공시사
항을 요약하면 다음과 같습니다.

(1) 3개의 재무상태표
- 2010.1.1(전환일), 2010.12.31, 2011.12.31(보고일)

(2) 2개의 포괄손익계산서, 현금흐름표, 자본변동표
- 2010.1.1~12.31, 2011.1.1~12.31

(3) K-IFRS로의 전환에 대한 설명(조정내역)
- 자본에 대한 조정: 2010.1.1(전환일), 2010.12.31
- 손익에 대한 조정: 2010.1.1~12.31
- 개시 재무상태표에 손상차손을 최초 인식, 환입하는 경우 자산손상 관련 공시내역
- 현금흐름표의 중요한 조정내역

소급적용 면제항목과 소급적용 금지항목을 제외하고 개시재무제표는 다음 사항에 준거해서 작성되어야 합니다. 이때, K-IFRS를 새로이 채택함으로써 다음 사항들을 조정함에 따라 발생하는 효과는 자본항목인 이익잉여금에서 처리하게 됩니다.

1) K-IFRS에서 인식을 요구하는 모든 자산과 부채를 재무상태표에 인식해야 합니다.
2) K-IFRS에서 인식이 허용되지 않는 항목을 자산이나 부채로 인식할 수 없습니다. 따라서 기존의 재무상태표에서 제외해야 합니다.
3) 자산, 부채 또는 자본의 구성요소를 K-IFRS에 맞게 재분류하여 표시해야 합니다.
4) 인식된 모든 자산과 부채의 측정 시 K-IFRS를 적용해야 합니다.

02 K-IFRS로의 전환에 따른 (주)케이티앤지 재무제표의 실제 분석

앞서 'Chapter 4'에서 주요 계정과목별로 기존 K-GAAP와 K-IFRS의 차이점을 살펴보았습니다. 이번 Section에서는 K-IFRS를 도입함으로써 기존 K-GAAP에 의해 작성된 재무제표가 K-IFRS에서는 어떻게 바뀌는지, 또 주요 계정과목별 수치의 변동이 갖는 의미가 무엇인지 실제 기업의 재무제표를 가지고 분석해 보고자 합니다.

왜 (주)케이티앤지를 사례분석 대상으로 선정했을까?

이번 Section에서는 (주)케이티앤지의 실제 사례를 가지고 K-IFRS에 의해 작성된 재무제표에 대해 분석하고자 합니다. 한국거래소의 유가증권시장에 상장된 기업 중 K-IFRS를 조기에 도입한 기업은 2009년 7개사, 2010년 26개사를 합쳐 총 33개사입니다.

K-IFRS를 최초로 도입하는 기업은 도입하는 회계연도의 재무제표뿐 아니라 그 직전 사업연도의 재무제표도 K-IFRS 기준으로 소급하여 재작성해야 합니다. 따라서 2010년 사업보고서가 제출되지 않은 현 시점에서 동일한 사업연도를 기준으로 K-GAAP와 K-IFRS에 의해 작성된 재무제표를 비교하려면 2009년에 K-IFRS를 조기 도입하여 2009년과 2008년의 재무제표를 K-IFRS 기준으로 작성한 기업을 대상으로 할 수밖에 없습니다.

이에 2009년에 K-IFRS를 조기 도입한 유가증권시장 상장법인 7개사 중 기업규모가 크고 다양한 계정과목을 볼 수 있는 (주)케이티앤지의 재무제표를 기준으로 두 회계기준 간의 차이점을 비교하여 분석하고자 합니다. (주)케이티앤지가 K-IFRS를 최초로 도입한 사업연도의 직전 사업연도인 2008년 재무제표는 기존 K-GAAP에 의해 이미 작성되어 공시되었습니다. 또한, K-IFRS 기준으로 2009년 재무제표 작성 시 비교 표시되는 전년도 재무제표로서 2008년 재무제표가 K-IFRS 기준으로 소급하여 재작성되었습니다.

K-GAAP와 K-IFRS로 작성된 2008년 재무제표의 비교 · 분석

이로 인해 동일한 사업연도인 2008년 재무제표에 대해 K-GAAP와 K-IFRS에 의해 작성된 재무제표가 공존하여 이를 비교하여 분석할 수 있는 것입니다.

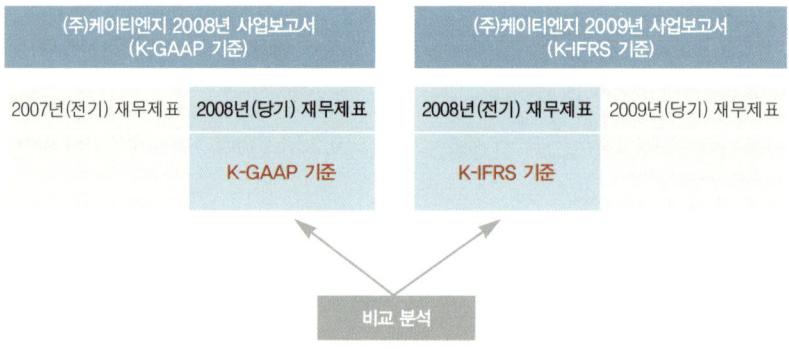

이번 Section에서는 두 가지 회계기준에 의해 작성된 재무제표를 가지고 K-IFRS의 도입에 따른 영향과 이에 따라 투자자들이 향후 각자 관심 있는 기업의 K-IFRS 기준 재무제표를 이용할 때 유의할 사항을 정리하도록 하겠습니다. 독자 여러분은 이번 Section을 시작하기 전에 한국거래소 상장공시시스템(KIND, http://kind.krx.co.kr)에 공시된 '(주)케이티앤지'의 2008년 및 2009년 사업보고서를 미리 출력한 후 내용을 따라가면 이해하기가 보다 쉬울 것으로 생각합니다.

연결대상 종속회사의 변동과 그 영향의 사전 공시

지배회사는 K-IFRS를 적용하기 1년 전 사업보고서(Ⅲ. 재무에 관한 사항) 및 재무제표 주석에 연결대상 종속회사의 변동내역을 사전 공시해야 합니다. 또한, K-IFRS의 도입이 회사의 재무상태와 경영성과에 미치는 계량정보도 사전에 공시해야 합니다. 아울러 K-IFRS에서는 재무정보 이용자가 회계기준 변경에 따른 효과를 쉽게 파악할 수 있도록 그 내용을 K-IFRS를 최초로 적용하는 사업연도의 재무제표 주석에 공시하도록 하고 있습니다.

한국거래소 상장공시시스템(KIND, http://kind.krx.co.kr)에 공시되어 있는 '(주)케이티앤지'의 2008년 연결감사보고서의 주석 36에서는 종속회사의 수가 K-IFRS 도입 전 6개사에서 도입 후 10개사로 증가한 것과 K-IFRS 최초 적용이 재무상태와 경영성과에 미친 영향을 계량적 수치로 보여주고 있습니다.

36. 한국채택국제회계기준의 조기 도입 결정

(3) 연결대상기업의 변화

2008년 말 현재 한국채택국제회계기준의 도입으로 인한 연결대상기업의 변화는 다음과 같습니다.

현행 한국의 일반적으로 인정된 회계처리기준하의 연결대상	한국채택국제회계기준하의 연결대상
(주)케이티앤지 (주)한국인삼공사 한국인삼홍콩유한공사 영진약품공업(주) 태아산업(주) KT&G Tutun Mamulleri Sanayi ve Ticaret A.S.	(주)케이티앤지 (주)한국인삼공사 한국인삼홍콩유한공사 영진약품공업(주) 태아산업(주) KT&G Tutun Mamulleri Sanayi ve Ticaret A.S. Korea Tabacos do Brasil Ltda. 케이지씨판매(주) KT&G Pars KT&G Rus L.L.C.

(4) 기업의 재무상태와 경영성과에 미치는 영향

② 2008년 말 현재 한국채택국제회계기준의 도입으로 인하여 연결회사의 재무상태 및 경영성과에 미치는 영향은 다음과 같습니다.

(단위: 백만 원)

구 분	총자산	총부채	총자본	당기순손익
현행 한국의 일반적으로 인정된 회계처리기준	4,572,188	1,016,057	3,556,131	889,355
조정액:				
예약매출에 대한 수익인식기준 변경	37,473	67,047	(29,574)	(23,025)
확정급여채무에 대한 보험수리적 평가	2,301	12,934	(10,633)	17,530
종업원 누적유급휴가 및 상여금제도	3,890	87,951	(84,061)	(4,324)
금융자산과 금융부채의 상계	201,774	201,774	–	–
금융자산의 제거	49,657	49,657	–	–
금융자산의 손상 및 대손	22,732	–	22,732	12,235
회원권 등에 대한 계정분류	(1,029)	–	(1,029)	(70)
유형자산 감가상각방법 및 내용연수 변경	8,841	–	8,841	4,804
금융상품에 대한 상각후원가로의 측정	38	(9)	47	47
이연법인세 변동 및 법인세효과	9,489	(12,360)	21,849	(5,615)
관계회사 및 종속회사의 변동 등	21,781	8,015	13,766	(1,901)
조정액 합계	356,947	415,009	(58,062)	(319)
한국채택국제회계기준	4,929,135	1,431,066	3,498,069	889,036

(1) 서로 다른 회계기준에 의해 작성된 재무상태표의 비교

우선, 기존의 K-GAAP와 K-IFRS에 의해 작성된 2008년 말 재무상태표를 비교·분석해 보도록 하겠습니다. 아래의 재무상태표 중 왼쪽은 K-IFRS에 의해 소급하여 재작성된 재무상태표이고, 오른쪽은 기존의 K-GAAP에 의해 작성된 재무상태표입니다. 작성 기준일은 모두 2008년 12월 31일 현재입니다. 주요 계정과목별로 'Chapter 4'에서 살펴본 내용을 중심으로 K-IFRS 도입에 따른 영향을 알아보겠습니다.

K-IFRS 기준 연결재무상태표			기존 K-GAAP 기준 연결재무상태표		
제22(2008)기 말 2008년 12월 31일 현재					
주식회사 케이티앤지와 그 종속회사(단위: 백만 원)					
과 목	**주 석**	**금 액**	**과 목**	**금 액**	
자산			자산		
비유동자산			I. 유동자산		2,226,957
④유형자산	4, 13	1,503,990	(1) 당좌자산		742,306
⑦무형자산	5	51,933	현금및현금성자산(주 18)	105,447	
⑤투자부동산	6, 13	107,330	단기금융상품	1,000	
⑧지분법적용투자자산	3, 7	1,270	매도가능증권(주 5, 13)	2,148	
매도가능금융자산	3, 8, 29	302,121	⑫매출채권(주 4, 7, 8, 18, 19)	507,080	
기타금융자산	13, 29	6	대손충당금	(25,533)	
장기예치금	9, 29, 30	110,261	미수금(주 7, 8, 18)	81,322	
장기선급금	30	118,240	대손충당금	(5,674)	
장기선급비용		6,282	미수수익	384	
장기매출채권및기타채권	10, 29	138,379	선급금(주 14, 19)	29,039	
이연법인세자산	26	7,108	대손충당금	–	
비유동자산 합계		2,346,924	선급비용(주 8)	5,350	
유동자산			미수법인세환급액(주 25)	28	
①재고자산	11	1,558,885	단기대여금	1,073	
매도가능금융자산	3, 8, 29	2,148	유동성장기대여금(주 7)	28,070	
기타금융자산	29	1,717	대손충당금	–	
⑨선급담배소비세등		201,773	유동성이연법인세자산(주 25)	12,568	
⑫매출채권및기타채권	10, 29	633,639	①(2) 재고자산(주 2, 10)		1,484,651
선급금	30	30,988	상품	903	
선급비용		3,700	평가충당금	(111)	
현금및현금성자산	12, 29	110,244	제품	153,333	
소계		2,543,098	평가충당금	(4,194)	

과 목	주 석	금 액	과 목	금 액	
⑥매각예정비유동자산	3, 13, 31	22,906	반제품	32,702	
유동자산 합계		2,566,004	재공품	299,327	
자산 총계	3	4,912,929	평가충당금	(3,271)	
자본 및 부채			원재료	836,164	
납입자본과 적립금			평가충당금	(1,936)	
자본금	1, 14	954,959	보조재료	969	
기타자본잉여금	14	2,869	평가충당금	(4,045)	
자기주식	15	(226,944)	저장품	23,269	
자기주식처분이익	15	468,274	부산물	3,241	
적립금	16	1,825,708	②미분양주택및상가(주 24)	121,551	
이익잉여금	17, 18	451,406	용지(주 9, 24)	12,727	
지배회사 소유주지분		3,476,273	미착품	9,976	
비지배지분		27,563	Ⅱ. 비유동자산		2,345,230
자본 총계		3,503,836	(1) 투자자산		405,316
부채			장기금융상품(주 3)	6	
비유동부채			매도가능증권(주 5, 7)	309,342	
장기차입금	13, 19, 29	2,474	⑧지분법적용투자주식(주 6, 7)	2,314	
장기매입채무및기타채무	20, 29	23,580	장기대여금(주 7)	89,877	
장기선수금	23	8,385	기타의투자자산	3,775	
⑬확정급여부채	22	73,993	대손충당금	–	
충당부채		1,957	④(2) 유형자산(주 9, 10, 13)		1,624,751
이연법인세부채	26	106,761	토지	449,896	
비유동부채 합계		217,153	건물	791,753	
유동부채			감가상각누계액	(236,959)	
⑪단기차입금	13, 21, 29	104,113	손상차손누계액	(36)	
유동성장기차입금	13, 19, 29	280	구축물	61,401	
⑭매입채무및기타채무	20, 29	455,332	감가상각누계액	(29,480)	
③선수금		71,707	손상차손누계액	(4)	
기타금융부채	29	2,698	기계장치	954,594	
미지급법인세	26	187,609	감가상각누계액	(537,889)	
⑩미지급담배소비세등		370,196	손상차손누계액	(1,084)	
유동부채 합계		1,191,939	차량운반구	17,065	
부채 총계	3	1,409,092	감가상각누계액	(14,838)	
자본 및 부채의 총계		4,912,929	공구와기구	47,879	
			감가상각누계액	(32,923)	
			손상차손누계액	(0)	
			비품	198,167	
			감가상각누계액	(125,077)	

과 목	금 액	
기타의유형자산	744	
건설중인자산	81,543	
손상차손누계액	–	
⑦(3) 무형자산		4,942
영업권(주 11)	1,037	
산업재산권(주 12)	1,717	
기타의무형자산(주 12)	2,187	
(4) 기타비유동자산		310,220
보증금(주 8)	57,908	
장기매출채권	–	
대손충당금	–	
장기미수금	560	
대손충당금	(5)	
장기선급금(주 14, 19)	118,240	
대손충당금	(1,088)	
회원가입권	23,173	
장기예치금(주 18, 19)	110,261	
이연법인세자산(주 25)	1,170	
자산 총계		4,572,188
부채		
Ⅰ. 유동부채		792,075
매입채무(주 8,18)	37,453	
⑪단기차입금(주 8, 13, 15, 19)	54,455	
③선수금	4,279	
선수수익(주 8)	378	
예수금(주19)	14,320	
부가가치세예수금	125,247	
예수보증금	45	
미지급금	154,147	
⑭미지급비용(주 25)	35,031	
미지급법인세(주 25)	187,550	
적립충당부채(주 20)	7,764	
⑩미지급담배소비세등	168,422	
유동성파생상품부채(주 32)	2,698	
유동성장기차입금(주 13, 16)	280	
Ⅱ. 비유동부채		223,981
장기차입금(주 13, 16)	2,474	
장기예수금	115	

과목	금액	
⑬퇴직급여충당부채(주 17, 33)	162,737	
퇴직보험예치금(주 17)	(18,268)	
퇴직연금운용자산(주 17)	(84,959)	
국민연금전환금	(261)	
임대보증금(주 8)	23,030	
이연법인세부채(주 25)	137,153	
반품충당부채(주 20)	1,959	
소송손실충당부채	–	
부채 총계		1,016,057
자본		
I. 지배회사주주지분		3,539,054
(1) 자본금		954,959
보통주자본금(주 21)	954,959	
(2) 연결자본잉여금(주 21)		471,143
(3) 연결자본조정		(224,649)
자기주식(주 22)	(226,944)	
미가득주식(주 17,33)	2,294	
(4) 연결기타포괄손익누계액(주 30)		30,671
매도가능증권평가이익(주 5)	27,737	
지분법자본변동(주 6)	131	
해외사업환산이익(손실)	2,802	
(5) 연결이익잉여금(주 23)		2,306,930
법정적립금	602,936	
임의적립금	1,188,378	
미처분이익잉여금	515,614	
II .소수주주지분		17,076
자본 총계		3,556,130
부채와 자본 총계		4,572,188

재무상태표의 양식이 간략해졌다

독자 여러분은 두 가지 재무상태표를 접했을 때, 어떤 점이 가장 먼저 눈에 들어오시나요? 아마도 K-IFRS에 의해 작성된 재무상태표가 K-GAAP에 의해 작성된 재무상태표보다 훨씬 간결하다고 느꼈을 것입니다. 'Chapter 4'의 'Section 1(K-IFRS에서의 재무상태표)'에서 언급했듯이 원칙 중심의 K-IFRS 는 K-GAAP와 달리 재무제표의 표준양식을 제시하고 있지 않으며, 최소한의 계정과목만을 정하고 있습니다. 이러한 재무제표에서 계정과목의 간소화에 따른 정보의 부족은 주석으로 보완하고 있습니다.

하나의 예로 ①재고자산을 보도록 하겠습니다.

K-IFRS 기준 연결재무상태표 (단위: 백만 원)			기존 K-GAAP 기준 연결재무상태표 (단위: 백만 원)		
과 목	주 석	금 액	과 목	금 액	
①재고자산	11	1,558,885	①(2) 재고자산(주 2, 10)		1,484,651
			상품	903	
			평가충당금	(111)	
			제품	153,333	
			평가충당금	(4,194)	
			반제품	32,702	
			재공품	299,327	
			평가충당금	(3,271)	
			원재료	836,164	
			평가충당금	(1,936)	
			보조재료	969	
			평가충당금	(4,045)	
			저장품	23,269	
			부산물	3,241	
			미분양주택및상가(주 24)	121,551	
			용지(주 9, 24)	12,727	
			미착품	9,976	

최소한의 계정과목을 표시하고 상세내역은 주석에서 제공

기존의 K-GAAP가 재무상태표에 재고자산 금액을 종류별로 표시하고 있는데 반해 K-IFRS에서는 재고자산 총액만을 표시하고 대신 주석번호를 기재하고 있습니다. K-IFRS에서는 재고자산 총액만을 표시하면 되고, 그 상세내역은 기업의 경영진이 판단하여 주석에서 자율적으로 공시할 수 있도록 하는 것입니다.

주석 11을 따라가 보겠습니다.

11. 재고자산

(1) 당기 말과 전기 말 및 전기 초 현재 재고자산의 내역은 다음과 같습니다.

(단위: 백만 원)

구 분	제22기 말		
	취득원가	평가손실충당금	장부금액
상품	904	(111)	793
제품	187,863	(4,195)	183,668
재공품	299,344	(3,272)	296,072
원재료	844,133	(1,940)	842,193
저장품	23,269	–	23,269
부산물	3,242	–	3,242
완성주택	–	–	–
②미완성주택	182,059	–	182,059
용지	17,613	–	17,613
미착품	9,976	–	9,976
합계	1,568,403	(9,518)	1,558,885

주석을 통해 K-IFRS에서는 기존의 K-GAAP와 마찬가지로 재고자산에 대해 상세한 정보를 제공하고 있음을 알 수 있습니다. 이렇듯 K-IFRS는 필요한 정보를 주석을 통해 충분히 공시하되, 재무제표에서는 기업의 전체 상황을 한 눈에 파악하도록 최소한의 계정만을 정하고 있습니다.

자체 분양공사는 제품매출로 인식

재고자산의 상세내역을 보여주는 주석 11을 보니 ②미완성주택이 있습니다. 그런데 그 금액(1,821억 원)이 기존 K-GAAP에서의 ②미분양주택및상가(1,216억 원)에 비해 605억 원가량 증가한 것으로 나타나 있습니다. 어떤 이유 때문일까요?

우선 K-IFRS에서는 기존 K-GAAP의 미분양주택 대신 미완성주택이라는 계정과목을 사용하고 있습니다. 기존 K-GAAP에서도 건설회사의 경우 건설 중인 주택 등은 재고자산으로 분류하였으나 이는 분양이 되지 않은 미분양주택에 한정됩니다. 즉, 기존 K-GAAP에서는 일단 분양이 완료된 주택은 건설 중일지라도 재고자산으로 분류하지 않았습니다. 그러나 'Chapter 4'의 'Section 14(건설계약)'에서 살펴보았듯이 K-IFRS에서는 자체 분양공사를 건설계약이 아닌 제품매출로 봅니다. 따라서 K-IFRS에서는 분양이 되었더라도 아직 완성되지 않은 주택은 재고자산인 미완성주택으로 분류하는 것입니다. 따라서 K-IFRS의 미완성주택에는 미분양주택뿐 아니라 분양은 되었으나 아직 건설 중인 미완성주택까지 포함되어 그 금액이 증가한 것입니다.

또한, K-IFRS에서는 자체 분양공사를 제품매출로 봄으로써 미리 받은 분양대금이 ③선수금으로 분류됩니다. 독자들은 K-GAAP에 의해 작성된 재무상태표에는 선수금이 43억 원임에 비해 K-IFRS에 의한 재무상태표에는 717억 원으로 많이 증가한 것을 볼 수 있습니다. 이는 자체 분양공사를 건설계약이 아닌 제품매출로 인식함에 따른 계정분류의 변동에서 오는 것입니다.

K-IFRS 기준 연결재무상태표 (단위: 백만 원)			기존 K-GAAP 기준 연결재무상태표 (단위: 백만 원)	
과 목	주 석	금 액	과 목	금 액
부채			부채	
유동부채			유동부채	
③선수금		71,707	Ⅰ. 유동부채	792,075
			③선수금	4,279

이러한 내용은 2008년 연결감사보고서의 주석 36에도 명시되어 있습니다. 즉, 자체 분양공사에 대한 수익 인식 기준이 기존 K-GAAP의 진행기준에서

K-IFRS의 완성기준으로 변경됨으로써 분양중도금 등이 선수금으로 계상되어 부채가 670억 원 증가한 것임을 알 수 있습니다. 이러한 부채의 증가는 결과적으로 부채비율의 상승을 가져올 것입니다. 그러나 이는 회계기준의 변경에 따른 것일 뿐 기업의 본질이 바뀐 것은 아님을 유의해야 합니다.

---

36. 한국채택국제회계기준의 조기 도입 결정

(4) 기업의 재무상태와 경영성과에 미치는 영향

② 2008년 말 현재 한국채택국제회계기준의 도입으로 인하여 연결회사의 재무상태 및 경영성과에 미치는 영향은 다음과 같습니다.

(단위: 백만 원)

구 분	총자산	총부채	총자본	당기순손익
현행 한국의 일반적으로 인정된 회계처리기준	4,572,188	1,016,057	3,556,131	889,355
조정액 :				
예약매출에 대한 수익인식기준 변경	37,473	67,047	(29,574)	(23,025)
○○○		○○○	○○○	
한국채택국제회계기준	4,929,135	1,431,066	3,498,069	889,036

유동성 기준에 따르지 않는 재무상태표의 계정과목 배열

독자 여러분은 K-IFRS에 의한 재무상태표가 K-GAAP에 비해 간소하다는 특징 이외에도 계정과목의 배열순서가 기존의 K-GAAP에 의한 재무상태표의 계정과목 배열순서와 상당히 다르다는 것을 알 수 있을 것입니다. 우선 기존의 K-GAAP에서는 재무상태표의 대변(오른쪽)에 부채가 먼저 표시되고 그다음에 자본이 표시되었습니다.

그러나 (주)케이티앤지가 K-IFRS를 적용하여 작성한 재무상태표를 보면 자본이 먼저 표시된 것을 볼 수 있습니다. 또한, 같은 자산 내에서도 유동성 순서

Chapter

5

K-GAAP 재무상태표

K-IFRS 재무상태표

에 따라 분류하고 있는 기존의 K-GAAP와 달리 이러한 유동성 기준이 적용되지 않음을 알 수 있습니다. 예를 들어 자산 내에서도 비유동자산이 먼저 표시되어 있습니다. 또한, 비유동자산 내에서도 '매도가능금융자산'보다 유동성이 떨어지는 유형자산이 가장 먼저 표시된 것을 볼 수 있습니다. 이러한 현상은 부채항목의 배열순서에서도 볼 수 있습니다. 즉, K-IFRS에서는 재무제표의 계정과목을 배열할 때 특별히 정한 순서나 기준이 없음을 알 수 있습니다.

투자부동산 등으로의 계정 재분류로 유형자산 금액 감소

④유형자산 항목을 보면 기존 K-GAAP에서는 1조 6,248억 원인 유형자산이 K-IFRS에서는 1조 5,040억 원으로 1,208억 원 감소한 것으로 나타납니다.

K-IFRS 기준 연결재무상태표 (단위: 백만 원)			기존 K-GAAP 기준 연결재무상태표 (단위: 백만 원)	
과 목	주 석	금 액	과 목	금 액
자산			자산	
비유동자산			II. 비유동자산	2,345,230
④유형자산	4, 13	1,503,990	④(2) 유형자산(주 9, 10, 13)	1,624,751

K-IFRS 전환에 따른 영향의 원인을 파악하기 위해 2009년 연결감사보고서의 주석 35(한국채택국제회계기준으로의 전환)를 살펴보았습니다. 차이의 원인은 계정 재분류(△1,547억 원), 연결 및 지분법 대상의 변동(49억 원), 기타(290억 원)인 것을 알 수 있습니다.

35. 한국채택국제회계기준으로의 전환

나. 과거회계기준에 따른 최근 연차재무제표에 표시된 최종 기간의 종료일인 2008년 12월 31일 현재 자본의 차이조정은 다음과 같습니다.

(단위: 백만 원)

과 목	과거 회계기준	계정 재분류	연결 및 지분법 대상의 변동 등	기타	한국채택 국제회계기준
참조	2008년 말	①②	⑦	⑧ ⑨ ⑩ ⑪ ⑫	2008년 말
유형자산	1,624,751	(154,660)	4,891	29,009	1,503,991

이 중 가장 큰 영향을 미친 계정 재분류는 어떤 내용일까요? 역시 2009년 연결감사보고서의 주석 35(한국채택국제회계기준으로의 전환)에서 그 답을 얻을 수 있었습니다.

(2) 한국채택국제회계기준으로의 전환에 대한 설명
한국채택국제회계기준으로의 전환과 관련된 주요 조정사항은 다음과 같습니다.

① 투자부동산 및 개발중인무형자산 등의 계정 재분류
과거회계기준에서는 임대수익이나 시세 차익을 얻기 위하여 보유하고 있는 부동산을 유형자산으로 회계처리 하였으나, 한국채택국제회계기준에 따라 투자부동산으로 계정 재분류하고, 과거회계기준에서는 처분을 목적으로 보유하고 있는 부동산을 유형자산으로 회계처리 하였으나, 한국채택국제회계기준에 따라 매각예정비유동자산으로 계정 재분류하였습니다. 또한, 과거회계기준에 따라 유형자산 중 건설중인자산으로 계상하였던 신약개발비를 한국채택국제회계기준에 따라 무형자산 중 개발중인무형자산으로 계정 재분류하였습니다.

Chapter

5

즉, 계정 재분류의 주요 내용은 유형자산에서 ⑤투자부동산으로의 계정 재분류, ⑥매각예정비유동자산으로의 계정 재분류, ⑦무형자산으로의 계정 재분류 등입니다. 그 내용을 좀 더 자세히 알아볼 필요가 있습니다.

임대 목적의 부동산도 투자부동산으로 분류

⑤투자부동산을 보겠습니다. 기존의 K-GAAP에서는 없던 계정이 K-IFRS에서 새로 생겼습니다. 그 금액은 무려 1,073억 원에 달합니다. 이는 이전에 없던 부동산을 새로이 구입한 것이 아니라 기존 K-GAAP에서는 유형자산으로 분류되었던 일부 항목이 투자부동산으로 계정이 재분류된 것입니다.

K-IFRS 기준 연결재무상태표 (단위: 백만 원)			기존 K-GAAP 기준 연결재무상태표 (단위: 백만 원)	
과 목	주 석	금 액	과 목	금 액
자산			자산	
비유동자산			Ⅱ. 비유동자산	2,345,230
⑤투자부동산	6, 13	107,330	④(2) 유형자산(주 9,10,13)	1,624,751

'Chapter 4'의 'Section 8(투자부동산)'에서 살펴보았듯이 K-IFRS에서는 시세 차익 목적으로 보유하고 있는 부동산뿐 아니라 임대 목적의 부동산도 투자부동산으로 분류하고 있습니다. 이는 임대 목적 및 시세 차익 목적으로 보유한 부동산은 당해 기업의 주된 영업에 사용되는 부동산이 아니라 투자수익을 목적으로 보유하고 있는 부동산이라는 의미입니다.

매각예정비유동자산으로 인한 유형자산의 감소

다음으로, 유형자산의 감소에 영향을 준 ⑥매각예정비유동자산을 살펴보겠습니다.

K-IFRS 기준 연결재무상태표 (단위: 백만 원)			기존 K-GAAP 기준 연결재무상태표 (단위: 백만 원)	
과목	주석	금액	과목	금액
자산			자산	
유동자산			Ⅱ. 비유동자산	2,345,230
⑥매각예정비유동자산	3, 13, 31	22,906	④(2) 유형자산(주 9, 10, 13)	1,624,751

기존의 K-GAAP에서는 유형자산으로 분류되었던 매각예정비유동자산이 K-IFRS에서는 별도의 계정으로 분류되어 유형자산에서 229억 원이 감소하였습니다. 기존 K-GAAP의 손익계산서에서는 매각예정자산에 나오는 손익을 중단사업손익으로 표시하였지만 재무상태표에는 별도로 공시하지 않았습니다. 매각예정비유동자산과 관련된 내용은 'Chapter 4'의 'Section 1(K-IFRS에서의 재무상태표)'을 참조하시기 바랍니다.

이와 관련된 주석 31을 살펴보면 매각예정비유동자산에 대한 보다 상세한 내역을 알 수 있습니다.

31. 매각예정비유동자산

연결실체는 2006년 중 시설투자 및 재무구조 개선 등을 목적으로 경기도 평택시 진위면의 토지에 대하여 매매계약을 체결하였는바, 상기 토지가 경기도 평택시 도시기본계획 안에서 시가화 예정지구로 지정되지 아니할 경우 거래상대방은 계약을 해지할 수 있습니다. 또한, 연결실체는 당기 중 서울 용산과 을지로의 토지에 대하여 매매계약을 체결하였습니다.

연결실체는 상기 매각예정자산에 대하여 당기 말과 전기 말 및 전기 초 현재 순공정가치와 장부금액 중 작은 금액인 장부금액 46,152백만 원, 22,907백만 원 및 22,956백만 원을 각각 매각예정비유동자산으로 계상하고 있습니다.

신약개발비는 유형자산에서 무형자산으로 재분류

계정이 재분류됨에 따라 유형자산 금액의 감소를 가져온 세 번째 계정으로 ⑦무형자산을 살펴보겠습니다.

K-IFRS 기준 연결재무상태표 (단위: 백만 원)			기존 K-GAAP 기준 연결재무상태표 (단위: 백만 원)	
과 목	**주 석**	**금 액**	**과 목**	**금 액**
자산			자산	
비유동자산			Ⅱ. 비유동자산	2,345,230
⑦무형자산	5	51,933	④(2) 유형자산(주 9, 10, 13)	1,624,751
			건설중인자산	81,543

주석 35에서는 기존의 K-GAAP에 따라 유형자산 중 건설중인자산으로 계상하였던 신약개발비를 K-IFRS에서는 무형자산 중 개발중인무형자산으로 계정을 재분류하였다고 공시하고 있습니다. K-IFRS로 전환하면서 기존 유형자산에서 계정이 재분류됨으로써 유형자산 중 상당한 금액이 감소한 것을 알 수 있습니다.

2009년 연결감사보고서의 주석 35에는 ④유형자산과 관련하여 K-IFRS로의 전환으로 인한 조정사항을 설명하고 있습니다. 즉, K-IFRS로 전환하면서 유형자산의 감가상각방법과 내용연수가 변경되었음을 밝히고 있습니다.

---

35. 한국채택국제회계기준으로의 전환

(2) 한국채택국제회계기준으로의 전환에 대한 설명

한국채택국제회계기준으로의 전환과 관련된 주요 조정사항은 다음과 같습니다.

⑩ 유형자산의 감가상각방법 및 내용연수 재검토

연결실체는 유형자산에 대해서 한국채택국제회계기준에 따라 자산의 미래경제적효익이 소비되는 형태 및 기간을 재검토하여 그 효과를 반영하였습니다.

한편, 2008년 연결감사보고서의 주석 36의 'K-IFRS 도입이 기업의 재무상태와 경영성과에 미치는 영향'을 보면 유형자산의 감가상각방법 및 내용연수의 변경으로 유형자산이 88억 원 증가하는 것으로 나타나 있습니다.

36. 한국채택국제회계기준의 조기 도입 결정

(4) 기업의 재무상태와 경영성과에 미치는 영향

② 2008년 말 현재 한국채택국제회계기준의 도입으로 인하여 연결회사의 재무상태 및 경영성과에 미치는 영향은 다음과 같습니다.

(단위: 백만 원)

구 분	총자산	총부채	총자본	당기순손익
현행 한국의 일반적으로 인정된 회계처리기준	4,572,188	1,016,057	3,556,131	889,355
조정액:				
유형자산 감가상각 방법 및 내용연수 변경	8,841	–	8,841	4,804
한국채택국제회계기준	4,929,135	1,431,066	3,498,069	889,036

그렇다면 K-IFRS로 전환하면서 유형자산에 대한 감가상각 방법은 어떻게 변경되었을까요? 'Chapter 4'의 'Section 7(유형자산)'에서 살펴보았듯이 K-GAAP에서는 유형자산의 감가상각 방법이나 내용연수 등을 추정할 때 경제적 실질을 반영하지 않고 세법 등에 정해진 방식을 따라 일률적으로 회계처리 하였습니다. 그로 인해 정률법이 가장 일반적인 방법으로 인식되었던 K-GAAP와 달리 K-IFRS에서는 일반적으로 정액법을 사용합니다.

2008년 연결감사보고서의 주석 2와 2009년 연결감사보고서의 주석 2를 보면 회계기준 변경에 따라 (주)케이티앤지가 채택하고 있는 감가상각 방법이 표기되어 있습니다. 2009년 주석사항에서 밝힌 감가상각 방법은 2009년 재무제표에 대한 내용이나 2008년에 대해서도 소급적용한 것으로 보입니다.

2. 중요한 회계처리방침 및 연결재무제표의 작성기준

(K-GAAP 적용 2008년 연결감사보고서 주석사항)

지배회사와 연결대상 종속회사(이하 '연결회사')는 한국의 일반적으로 인정된 회계처리기준에 따라 연결
재무제표를 작성하고 있으며, 2007년 12월 31일로 종료하는 회계연도에 대한 연결재무제표 작성 시 채
택한 회계정책과 동일합니다.

연결회사가 채택하고 있는 중요한 회계정책은 다음과 같습니다.

(6) 유형자산

유형자산의 감가상각은 유형자산 아래의 내용연수에 따라 정액법 또는 정률법을 적용하고 있습니다.

구 분	감가상각 방법	추정내용연수
건물	정액법	10~60년
구축물	정액법	4~40년
기계장치	정액법 또는 정률법	2~18년
차량운반구	정액법 또는 정률법	4~5년
공구와기구	정액법 또는 정률법	4~5년
비품	정액법 또는 정률법	4~5년

2. 유의적인 회계정책(K-IFRS 적용 2009년 연결감사보고서 주석사항)

(5) 유형자산

유형자산 중 토지 및 기타의 유형자산에 대해서는 감가상각을 하지 않으며, 이를 제외한 유형자산은 아
래에 제시된 개별 자산별로 추정된 경제적 내용연수 동안 **정액법으로 감가상각하고 있습니다.**

회원권의 무형자산 재분류

이번에는 ⑦무형자산 자체의 금액변동을 분석해 보도록 하겠습니다.

K-IFRS 기준 연결재무상태표 (단위: 백만 원)			기존 K-GAAP 기준 연결재무상태표 (단위: 백만 원)		
과 목	주 석	금 액	과 목		금 액
자산			자산		
비유동자산			Ⅱ. 비유동자산		2,345,230
⑦무형자산	5	51,933	⑦(3) 무형자산		4,942
			영업권(주 11)	1,037	
			산업재산권(주 12)	1,717	
			기타의무형자산(주 12)	2,187	

기존 K-GAAP에서 K-IFRS로 전환하면서 무형자산 금액이 49억 원에서 519억 원으로 470억 원이 증가한 것으로 나타나 있습니다. 이것만으로는 무형자산의 증가가 다른 법인을 합병하면서 발생한 영업권 때문인지 또는 산업재산권 등 무형자산의 가치가 상승한 것인지 도무지 알 수 없습니다.

이번에도 역시 2009년 연결감사보고서의 주석 35를 따라가 봤습니다.

35. 한국채택국제회계기준으로의 전환

나. 과거회계기준에 따른 최근 연차재무제표에 표시된 최종 기간의 종료일인 2008년 12월 31일 현재 자본의 차이조정은 다음과 같습니다.

(단위: 백만 원)

과 목	과거 회계기준	계정 재분류	연결 및 지분법 대상의 변동 등	기타	한국채택 국제회계기준
참조	2008년 말	①②	⑦	⑧⑨⑩⑪⑫	2008년 말
무형자산	4,942	47,937	(925)	(20)	51,934

K-IFRS에서의 무형자산 증가는 주로 계정 재분류에 따른 것임을 알 수 있습니다. 'Chapter 4'의 'Section 9(무형자산)'에서 살펴보았듯이 기존 K-GAAP에서는 콘도 혹은 골프회원권을 보증금으로 인식하여 기타 비유동자산으로 분류하였습니다. 그러나 K-IFRS에서는 이러한 회원권을 콘도나 골프장 등 시설 이용권을 획득하는 것으로 간주합니다. 따라서 임직원의 사용이나 처분을 통해서 기업에 미래 경제적 효익을 가져다주는 일종의 무형자산으로 보고 있습니다.

(주)케이티앤지도 K-IFRS 도입으로 이러한 회원권을 기존의 보증금에서 무형자산으로 계정을 재분류하였습니다. 2010년 연결감사보고서의 주석 35에

는 이에 대한 내용이 공시되어 있습니다.

---

35. 한국채택국제회계기준으로의 전환

(2) 한국채택국제회계기준으로의 전환에 대한 설명

한국채택국제회계기준으로의 전환과 관련된 주요 조정사항은 다음과 같습니다.

② 회원가입권 및 보증금의 계정 재분류

과거회계기준에 따라 기타비유동자산으로 회계처리 한 회원가입권 및 보증금에 대해서, 한국채택국제회계기준에 따라 시설이용권의 대가로 지급된 금액은 비한정내용연수를 가진 무형자산으로 계정 재분류하고, 시설사용료 등으로 지급된 금액은 선급비용으로 계상하여 계약된 사용 기간 동안 안분하여 비용으로 인식하였습니다.

2009년 연결감사보고서의 주석 5를 통해 2008년 말 무형자산 519억 원의 구성내역을 알 수 있습니다.

---

5. 무형자산

(1) 당기 중 무형자산의 변동은 다음과 같습니다.

(단위: 백만 원)

구 분	산업재산권	시설이용권	기타의무형자산	개발중인무형자산	합 계
취득원가 :					
기초금액	9,039	19,128	7,399	23,035	58,601
취득금액	168	942	1,135	4,137	6,382
처분금액	–	(32)	–	–	(32)
순외환차이	–	–	16	–	16
기타증감액	197	(74)	(23)	–	100
기말금액	9,404	19,964	8,527	27,172	65,067
상각누계액 및 손상차손누계액 :					
기초금액	(6,815)	–	(4,279)	–	(11,094)
무형자산상각비	(742)	–	(1,292)	–	(2,034)
순외환차이	–	–	(5)	–	(5)
기말금액	(7,557)	–	(5,576)	–	(13,133)
장부금액 :					
기초금액	2,224	19,128	3,120	23,035	47,507
기말금액	1,847	19,964	2,951	27,172	51,934

2009년 연결감사보고서의 주석 35와 주석 5를 근거로 판단할 때, 골프회원권 등 시설이용권이 기존의 보증금(기타 비유동자산)에서 무형자산으로 계정 재분류됨으로써 200억 원이 증가한 것을 알 수 있습니다. 또한, 앞의 유형자산에서 살펴보았듯이 K-GAAP에 따라 유형자산 중 건설중인자산으로 계상하였던 신약개발비를 K-IFRS에서는 무형자산 중 개발중인무형자산으로 계정을 재분류하는 등의 이유로 '개발중인무형자산'이 272억 원 증가한 것을 알 수 있습니다. 따라서 기존의 K-GAAP에서 K-IFRS로 전환하면서 무형자산으로 계정이 재분류된 것은 대부분 기존의 보증금(기타 비유동자산)과 건설중인자산(유형자산)에서 기인한다고 추정할 수 있습니다.

지분법적용투자자산의 대상 변동

이번에는 ⑧ 지분법적용투자자산을 살펴보겠습니다.

K-IFRS 기준 연결재무상태표 (단위: 백만 원)		
과목	주석	금액
자산		
비유동자산		
⑧ 지분법적용투자자산	3, 7	1,270

기존 K-GAAP 기준 연결재무상태표 (단위: 백만 원)	
과목	금액
자산	
II. 비유동자산	2,345,230
(1) 투자자산	405,316
⑧ 지분법적용투자주식(주 6, 7)	2,314

기존의 K-GAAP에서는 23억 원에 달했던 지분법적용투자주식이 K-IFRS를 적용하니 13억 원으로 감소하였습니다. 주석 7이 기재되어 있으므로 K-IFRS에 의해 작성된 2009년 연결감사보고서의 주석 7을 따라가 보겠습니다.

7. 지분법적용투자자산

(1) 당기 말과 전기 말 및 전기 초 현재 지분법적용투자자산의 내역은 다음과 같습니다.

(단위: 백만 원)

구 분	소재지	주요 영업활동	제22(전)기 말	
			소유지분율	장부금액
Cosmo Tabacco Co., Ltd.	몽골	담배 제조·판매업	40.00%	–
(주)한국줴도이식연구소	국내	의학 및 약학 연구개발업	48.25%	72
(주)라이트팜텍	국내	의약품 제조	29.46%	692
한국탄소금융(주)	국내	탄소배출권의 매입, 판매 및 거래중개	20.00%	506
합계				1,270

Cosmo Tabacco Co., Ltd.는 당기 말 현재 청산 진행 중으로 과거회계기간의 결손누적으로 인하여 지분법적용투자자산의 장부금액이 영(0)이 되어 지분법적용을 중지하였습니다.

주석 7에서 K-IFRS에서의 지분법적용투자자산 13억 원의 내역을 확인할 수 있습니다. 그럼 이번에는 K-GAAP에서의 지분법적용투자주식 23억 원의 내역을 살펴보기 위해 2008년 연결감사보고서의 주석 6을 살펴보겠습니다.

6. 지분법적용투자주식

(1) 제22(당)기

① 지분법적용 피투자회사에 대한 투자주식의 지분율 현황 등은 다음과 같습니다.

(단위: 백만 원)

피투자회사명	지분율	취득원가	순자산가액	장부가액
케이지씨판매(주)	100.00%	1,500	2,904	2,314

K-GAAP에서의 지분법적용투자자산 23억 원은 케이지씨판매(주)라는 하나의 회사가 그 대상임을 알 수 있습니다.

결국, 기존의 K-GAAP에서 K-IFRS로 전환하면서 지분법적용투자자산으로 계상되는 대상에 변동이 있음을 확인하였습니다. 그런데 여기에서 한 가지 의문이 생깁니다. 기존의 K-GAAP에서는 (주)케이티앤지가 100% 지분을 보유하고 있는 자회사를 왜 연결대상에 포함하지 않고 지분법으로 평가했을까요? 앞서 'Chapter 3'의 'Section 1(연결 중심의 공시체제)'에서 살펴본 바로는 의결권 기준으로 기존의 K-GAAP에서는 '30% 초과하면서 최다출자자'이면 그 피출자법인은 연결대상에 포함되는 것으로 알고 있습니다.

K-IFRS로의 전환에 따른 조정내역을 파악하기 위해 2009년 연결감사보고서의 주석 35를 살펴보았습니다.

35. 한국채택국제회계기준으로의 전환
(2) 한국채택국제회계기준으로의 전환에 대한 설명
한국채택국제회계기준으로의 전환과 관련된 주요 조정사항은 다음과 같습니다.

⑦ 연결대상 종속회사 및 지분법 적용 관계회사의 범위 변동
과거회계기준에서는 주식회사의외부감사에관한법률에 따라 직전 사업연도 말 자산총액이 70억 원에 미달하는 KT&G Pars, KT&G Rus L.L.C, 케이지씨판매(주) 등의 종속회사를 연결범위에서 제외하였으나, 한국채택국제회계기준에 따라 연결실체가 사실상 지배력을 행사하는 모든 종속회사를 연결범위에 포함하여 연결재무제표를 작성하였습니다.

한편, 과거회계기준에 따라 지분변동액이 중요하지 않아 지분법을 적용하지 아니하고 매도가능금융자산으로 회계처리 하였던 Cosmo Tabacco Co., Ltd., (주)한국췌도이시연구소 및 (주)리이드팜텍 등의 관계회사에 대한 투자자산을 한국채택국제회계기준에 따라 지분법적용투자자산으로 계정재분류하고 지분법을 적용하여 회계처리 하였습니다.

주석 35에 의해 그 의문점이 해소되었습니다. 기존의 K-GAAP에서는 (주)케이티앤지가 케이지씨판매(주)의 지분을 100% 보유하고 있었지만, 그 기업의 자산총액이 70억 원에 미달하여 연결대상에서 제외하는 대신 지분법으로 평가하였던 것입니다. 따라서 K-IFRS에서는 이 회사가 연결됨으로써 지분법

적용투자자산에서는 빠진 것입니다.

또한, K-IFRS에서 새롭게 지분법적용투자자산에 포함된 (주)한국췌도이식연구소 등 3개사는 기존 K-GAAP에서는 지분변동액이 중요하지 않아 지분법을 적용하지 않고 매도가능금융자산으로 계정이 분류되었음을 알 수 있습니다. 실제로 2008년 연결감사보고서의 주석 5를 보면 이들 주식은 시장성이 없는 주식으로서 지분법적용으로 발생하는 변동액이 중요하지 않아 지분법을 적용하지 않았음을 알 수 있습니다.

---

5. 유가증권

한편, 시장성 없는 주식 중 (주)한국췌도이식연구소, Korea Tabacos do Brasil Ltda., (주)라이트팜텍, KT&G Pars, KT&G Rus L.L.C. 및 한국탄소금융주식회사의 경우에는 피투자회사에 대한 지분법적용으로 발생하는 투자주식의 변동액이 중요하지 않으므로 지분법을 적용하지 아니하였습니다.

선급담배소비세와 미지급담배소비세의 상계 불가

K-IFRS를 적용한 재무상태표를 보니 ⑨선급담배소비세등으로 2,018억 원이 있습니다. K-GAAP에서는 없었던 계정입니다. 그렇다면 이는 K-IFRS로 전환하면서 2,000억 원 이상의 자산이 새로 증가한 것일까요?

K-IFRS 기준 연결재무상태표 (단위: 백만 원)			기존 K-GAAP 기준 연결재무상태표 (단위: 백만 원)
과목	주석	금액	
자산			해당 계정 없음
유동자산			
⑨선급담배소비세등		201,773	

선급담배소비세의 상대계정이라 할 수 있는 미지급담배소비세를 보겠습니다.

K-IFRS 기준 연결재무상태표 (단위: 백만 원)				기존 K-GAAP 기준 연결재무상태표 (단위: 백만 원)		
과 목	주 석	금 액		과 목	금 액	
부채				부채		
유동부채				Ⅰ. 유동부채	792,075	
⑩미지급담배소비세등		370,196		⑩미지급담배소비세등	168,422	

기존 K-GAAP에 비해 K-IFRS에서는 미지급담배소비세등이 증가했습니다. 그런데 그 증가금액(2,018억 원)이 선급담배소비세등이 증가한 금액과 정확히 같음을 알 수 있습니다. 이로써 독자들은 K-IFRS로 전환하면서 기존에 K-GAAP에서는 상계되었던 선급담배소비세와 미지급담배소비세가 상계되지 않고 각각 자산과 부채에 그 금액만큼 계상한 것임을 알 수 있을 것입니다.

기존 K-GAAP에는 이러한 계정들의 상계와 관련된 별도의 회계기준이 없고 이를 상계처리하는 것이 업계의 관행이었기 때문에 금융자산과 금융부채를 각각 공시하지 않고 재무상태표에 순액으로 표시해 왔습니다. 그러나 'Chapter 4'의 'Section 11(금융상품)'에서 살펴보았듯이 K-IFRS에서는 다음 두 가지 조건을 충족해야 이들을 상계할 수 있습니다. 즉, 법적 상계권한이 있어야 하고 회사 경영진이 순액으로 결제할 의도가 있을 때에만 금융자산과 금융부채를 상계할 수 있습니다.

결국 (주)케이티앤지는 K-IFRS로 전환하면서 두 가지 조건이 모두 충족되지 않아 이들 금융자산과 금융부채를 개시재무상태표에 순액이 아닌 총액으로 표시하였습니다. 이러한 내용은 2009년 연결감사보고서의 주석 35에도 표시되어 있습니다.

35. 한국채택국제회계기준으로의 전환

(2) 한국채택국제회계기준으로의 전환에 대한 설명

한국채택국제회계기준으로의 전환과 관련된 주요 조정사항은 다음과 같습니다.

⑥ 금융자산 및 금융부채의 제거

과거회계기준에서는 수요자금융계약과 관련하여 금융기관으로부터 대금이 회수되는 시점에 매출채권을 제거하였으나 한국채택국제회계기준에 따라 금융자산의 제거요건을 충족하지 않는 것으로 판단하여 원채무자가 대금을 지급하는 시점에 매출채권을 제거하였습니다. 또한, 과거회계기준에서는 매출채권 배서어음과 관련하여 배서하는 시점에 매출채권을 제거하였으나 한국채택국제회계기준에 따라 금융자산의 제거요건을 충족하지 않는 것으로 판단하여 매출채권의 대금을 지급받는 시점에 매출채권을 제거하였습니다.

한편, 선급 · 미지급담배소비세 등과 관련하여 과거에는 업계의 관행에 따라 보고기간 말 현재 선급담배소비세등과 미지급담배소비세등을 상계하였으나, 한국채택국제회계기준에 따라 상계하지 아니하고 총액으로 표시하였습니다.

금융기관에서 할인받은 매출채권은 차입금으로 표시

한편, 앞의 주석 35의 '금융자산 및 금융부채의 제거'에는 선급담배소비세와 미지급담배소비세의 상계 외에도 매출채권의 제거요건에 대한 부분이 있습니다. 실제로 ⑪단기차입금을 살펴보니 기존의 K-GAAP(545억 원)에 비해 K-IFRS(1,041억 원)의 재무상태표 상 단기차입금이 496억 원이나 증가한 것으로 나타나 있습니다.

K-IFRS 기준 연결재무상태표 (단위: 백만 원)			기존 K-GAAP 기준 연결재무상태표 (단위: 백만 원)	
과 목	주 석	금 액	과 목	금 액
부채			부채	
유동부채			I. 유동부채	792,075
⑪단기차입금	13, 21, 29	104,113	⑪단기차입금(주 8,13,15,19)	54,455

이 부분이 매출채권 제거와 관련이 있는 것은 아닐까요? 'Chapter 4'의 'Section 11(금융상품)'에서 살펴보았듯이 기존의 K-GAAP에서는 금융기관에서 할인한 금융자산을 양도(할인)한 기업의 회계장부에서 대부분 제거하도록 하였습니다. 그러나 K-IFRS에서는 할인된 매출채권 등을 그대로 회사의 재무상태표에 기재하고 추가로 차입금이 증가한 것으로 회계처리 하도록 하고 있습니다. 그렇다면 실제로 K-IFRS로 전환하면서 매출채권이 증가하였는지 살펴볼까요?

K-IFRS 기준 연결재무상태표 (단위: 백만 원)			기존 K-GAAP 기준 연결재무상태표 (단위: 백만 원)	
과 목	주 석	금 액	과 목	금 액
자산			자산	
유동자산			I. 유동자산	2,226,957
⑫매출채권및기타채권	10, 29	633,639	(1) 당좌자산	742,306
			⑫매출채권(주 4,7,8,18,19)	507,080

우선 기존의 K-GAAP에서는 유동자산 중 매출채권만을 별도로 표시하고 있는 반면, K-IFRS에서는 '매출채권및기타채권'이라는 계정으로 표시함으로써 순수하게 매출채권 금액이 얼마인지 재무상태표에서는 확인할 수 없습니다. 따라서 관련된 주석을 추가로 살펴보았습니다. 2009년 연결감사보고서의 주석 10에는 다음과 같은 정보가 공시되어 있습니다.

10. 매출채권및기타채권

(1) 당기 말과 전기 말 및 전기 초 현재 매출채권및기타채권의 내역은 다음과 같습니다.

(단위: 백만 원)

구 분	제22(전)기 말	
	유동	비유동
종업원대여금	28,036	78,605
대여금	1,073	7,136
미수금	53,448	561
보증금	–	52,077
미수수익	384	–
매출채권	550,699	–
합계	633,640	138,379

이를 통해 K-IFRS 재무상태표에 계상된 '매출채권및기타채권' 중 매출채권 금액은 5,507억 원임을 알 수 있습니다. 기존의 K-GAAP에서의 매출채권금액은 5,071억 원이므로 K-IFRS로 전환하면서 매출채권이 436억 원 증가한 것입니다.

아울러 2008년 K-GAAP에 의한 연결감사보고서의 주석 36을 통해 금융기관에서 할인하여 제거하였던 매출채권을 제거하지 않음으로써 자산(매출채권)과 부채(단기차입금)가 각각 497억 원 증가한 것을 알 수 있습니다. 497억 원과 436억 원의 차액(61억 원)은 사업보고서나 감사보고서를 통해서는 파악할 수 없었습니다.

36. 한국채택국제회계기준의 조기 도입 결정

(4) 기업의 재무상태와 경영성과에 미치는 영향

② 2008년 말 현재 한국채택국제회계기준의 도입으로 인하여 연결회사의 재무상태 및 경영성과에 미치는 영향은 다음과 같습니다.

(단위: 백만 원)

구 분	총자산	총부채	총자본	당기순손익
현행 한국의 일반적으로 인정된 회계처리기준	4,572,188	1,016,057	3,556,131	889,355
조정액 :				
금융자산의 제거	49,657	49,657	–	–
○○○	○○○	○○○	○○○	○○○
조정액 합계	356,947	415,009	(58,062)	(319)
한국채택국제회계기준	4,929,135	1,431,066	3,498,069	889,036

결국, (주)케이티앤지는 K-IFRS를 적용하면서 기존에 할인 후 장부에서 제거하였던 매출채권을 본래 상태로 장부에 계상하였습니다. 아울러 매출채권 할인 후 금융기관으로부터 수령한 금액은 현금이 아닌 차입금으로 계상한 것으로 파악되었습니다.

퇴직급여충당금 산정방식 변경에 따른 부채의 증가

⑬ 퇴직급여충당부채 금액의 변동내역을 알아보겠습니다.

K-IFRS 기준 연결재무상태표 (단위: 백만 원)				기존 K-GAAP 기준 연결재무상태표 (단위: 백만 원)		
과 목	주 석	금 액		과 목	금 액	
부채				부채		
비유동부채				Ⅱ. 비유동부채		223,981
⑬ 확정급여부채	22	73,993		⑬ 퇴직급여충당부채(주 17, 33)	162,737	
				퇴직보험예치금(주 17)	(18,268)	
				퇴직연금운용자산(주 17)	(84,959)	

기존의 K-GAAP에서 퇴직급여충당부채로 계상된 금액은 595억 원(1,627-
183-850억 원)입니다. 반면, K-IFRS에서 확정급여부채로 계상된 금액은
740억 원으로서 K-GAAP에 비해 145억 원 증가하였습니다. 왜 이런 차이가
발생했을까요?

'Chapter 4'의 'Section 13(퇴직급여)'에서 살펴보았듯이 기존의 K-GAAP
가 청산 개념에 기초하여 퇴직급여채무를 산정하는 데 비하여, K-IFRS에서는
예측급여 개념에 기초하여 이를 산정합니다. 즉, 예상 임금인상률, 할인율 등
을 추정하고 이러한 가정하에 보험수리적 평가방법인 예측단위적립방식을 사
용하여 추정한 금액을 확정급여채무로 계상합니다. 이러한 내용은 2009년 연
결감사보고서의 주석 35에 명시되어 있습니다.

---

35. 한국채택국제회계기준으로의 전환

(2) 한국채택국제회계기준으로의 전환에 대한 설명
한국채택국제회계기준으로의 전환과 관련된 주요 조정사항은 다음과 같습니다.

④ 확정급여부채
확정급여부채와 관련하여 과거회계기준에서는 보고기간 말 현재 1년 이상 근속한 전 임직원이 퇴직할
경우에 지급하여야 할 퇴직금추계액 전액을 퇴직급여충당부채로 계상하였으나, 한국채택국제회계기준
에 따라 보험수리적 평가방법인 예측단위적립방식을 사용하여 추정한 금액을 확정급여채무로 계상하였
습니다.

또한 동일한 주석 35에는 회계기준 변경에 따라 이러한 퇴직급여채무가 어
떻게 증가하였는지를 보여주고 있습니다.

35. 한국채택국제회계기준으로의 전환

나. 과거회계기준에 따른 최근 연차재무제표에 표시된 최종 기간의 종료일인 2008년 12월 31일 현재 자본의 차이조정은 다음과 같습니다.

(단위: 백만 원)

과 목	과거회계기준	확정 급여부채	연결 및 지분법 대상의 변동 등	한국채택 국제회계기준
참조	2008년 말	④	⑦	2008년 말
확정급여부채	59,248	14,527	219	73,994

(주)케이티앤지가 추정한 임금인상률, 할인율 등은 관련 주석 22에 설명되어 있습니다.

22. 퇴직급여제도

(7) 당기 말과 전기 말 및 전기 초 현재 보험수리적 평가를 위하여 사용된 주요 추정은 다음과 같습니다.

(단위: 백만 원)

구 분	제23(당)기 말	제22(전)기 말	제22(전)기 초
기대임금상승률	4.00~6.00%	3.98~6.50%	3.98~7.50%
할인율	4.81~5.80%	4.25~5.00%	5.00~5.78%
사외적립자산의 기대수익률	4.48~6.00%	4.25~6.50%	4.80~6.25%

종업원 누적유급휴가와 상여금에 대한 인식기준 변경

⑭매입채무및기타채무를 살펴보겠습니다.

K-IFRS 기준 연결재무상태표 (단위: 백만 원)			기존 K-GAAP 기준 연결재무상태표 (단위: 백만 원)	
과 목	**주 석**	**금 액**	**과 목**	**금 액**
부채			부채	
유동부채			Ⅰ. 유동부채	792,075
⑭매입채무및기타채무	20, 29	455,332	매입채무(주 8, 18)	37,453
			예수금(주 19)	14,320
			미지급금	154,147
			⑭미지급비용(주 25)	35,031

K-IFRS에서는 '매입채무및기타채무'라는 하나의 계정으로 표시되어 있는데 그 내역을 보기 위해 관련된 주석 20을 따라가 보았습니다.

20. 매입채무및기타채무

(1) 당기 말과 전기 말 및 전기 초 현재 매입채무및기타채무의 내역은 다음과 같습니다.

(단위: 백만 원)

구 분	제23(당)기 말		제22(전)기 말		제22(전)기 초	
	유동	비유동	유동	비유동	유동	비유동
임대보증금	25	23,028	45	23,580	102	25,686
매입채무	46,346	–	39,956	–	20,808	–
예수금	134,784	–	139,617	–	140,901	–
미지급비용	103,941	–	121,477	–	103,324	–
미지급금	41,502	–	154,238	–	105,799	–
합계	326,598	23,028	455,333	23,580	370,934	25,686

유동부채에 계상된 ⑭매입채무및기타채무의 세부 계정과목은 매입채무, 예수금, 미지급비용 및 미지급금이라는 것을 알 수 있습니다. 각각의 금액을 K-GAAP에서의 금액과 비교해 보시기 바랍니다. 다른 계정과목은 기존의 K-GAAP와 K-IFRS 간에 큰 차이가 없는데 유독 예수금과 미지급비용의 금액은 많은 차이를 보이고 있습니다. 여기에서 K-IFRS에서의 예수금은 K-GAAP에서의 예수금과 부가가치세예수금 및 예수보증금을 '예수금'이라는 하나의 계정으로 통합하였기 때문에 단순히 예수금 계정끼리만 비교할 때 증가한 것처럼 보일 뿐입니다.

그렇다면 미지급비용은 어떤 이유 때문에 큰 금액이 증가한 것일까요? 기존 K-GAAP에서의 미지급비용은 350억 원에 불과하나 K-IFRS에서는 1,215억 원으로 865억 원이나 증가하였습니다. 무엇 때문일까요? K-IFRS 도입으로 인한 영향을 파악하기 위해 2008년 연결감사보고서의 주석 36을 살펴보았습니다.

36. 한국채택국제회계기준의 조기 도입 결정

(4) 기업의 재무상태와 경영성과에 미치는 영향

② 2008년 말 현재 한국채택국제회계기준의 도입으로 인하여 연결회사의 재무상태 및 경영성과에 미치는 영향은 다음과 같습니다.

(단위: 백만 원)

구 분	총자산	총부채	총자본	당기순손익
현행 한국의 일반적으로 인정된 회계처리기준	4,572,188	1,016,057	3,556,131	889,355
조정액:				
종업원 누적유급휴가 및 상여금제도	3,890	87,951	(84,061)	(4,324)
○○○	○○○	○○○		
한국채택국제회계기준	4,929,135	1,431,066	3,498,069	889,036

미지급비용의 증가분은 대부분 K-IFRS로 전환하면서 '종업원 누적유급휴가 및 상여금' 계상금액이 증가한 것에 기인함을 알 수 있습니다. 즉, (주)케이티앤지는 2009년 이전에는 기존 K-GAAP에 따라 연월차수당 등 누적유급휴가보상금 및 2월과 8월에 지급되는 상여금을 실제로 종업원에게 지급되는 시점에 비용으로 회계처리 하였습니다. 그러나 K-IFRS를 도입함으로써 종업원이 근무용역을 실제 제공하는 기간에 비용과 부채를 인식하는 방법으로 변경한 것입니다.

(2) 서로 다른 회계기준에 의해 작성된 손익계산서의 비교

K-IFRS 기준 포괄손익계산서 (단위: 백만 원)			기존 K-GAAP 기준 손익계산서 (단위: 백만 원)		
제22(전)기 2008년 01월 01일부터 2008년 12월 31일까지 주식회사 케이티앤지와 그 종속회사(단위: 백만 원)					
과 목	주 석	제22(전)기	과 목		제22(당)기
②매출	3, 28	3,312,319	Ⅰ. ②매출액(주 7, 8, 24, 31)		3,363,531
매출원가	28	(1,312,531)	Ⅱ. 매출원가(주 7, 8, 24, 28, 29)		1,375,659
매출총이익		1,999,787	Ⅲ. 매출총이익		1,987,872
③기타수익	24	118,859	Ⅳ. ①판매비와관리비(주 28, 29)		819,912
①판매비와관리비	24	(809,681)	급여(주 7)	228,530	
사내근로복지기금출연금		(21,000)	퇴직급여(주 7)	36,609	
기타비용	24	(50,061)	복리후생비(주 8)	26,601	
⑨영업이익	3	1,237,904	여비교통비	9,460	
④금융수익	25	21,251	통신비	5,062	
금융원가	25	(13,711)	수도광열비	6,294	
순금융수익(원가)	25	7,540	세금과공과	24,411	
관계회사의 당기순손익에 대한 지분 증가	7	6	소모품비	4,980	
관계회사의 당기순손익에 대한 지분 감소	7	(323)	피복비	211	
법인세비용차감전이익		1,245,127	임차료(주 8)	13,245	
법인세비용	26	(349,998)	감가상각비	57,467	
⑥당기순이익		895,128	무형자산상각비	4,683	
⑧기타포괄손익:			수선유지비	5,941	
매도가능금융자산평가이익	8, 25	25,637	차량비	9,462	
해외사업장환산외환차이		3,709	보험료	1,224	
보험수리적이익(손실)	22	(35,016)	수수료	90,958	
법인세비용차감후기타포괄이익(손실)		(5,669)	운반보관비	35,405	
⑦총포괄이익		889,458	접대비	1,487	
당기순이익의 귀속:			회의비	6,250	
지배회사 소유주지분		897,777	광고선전비	201,260	
비지배지분		(2,648)	교육훈련비(주 8)	9,370	
합계		895,128	포상비	5,288	
총포괄이익의 귀속:			피해보상비	7	
지배회사 소유주지분		892,784	협력비	944	
비지배지분		(3,325)	경상시험연구비(주 8)	16,680	
합계		889,458	개발비	5,180	
주당이익:			수출경비	629	
기본및희석주당이익	27	0	견본비	26	
			대손상각비	11,578	
			잡비	655	
			Ⅴ. ⑨영업이익(주 31)		1,167,960

	K-IFRS 기준 포괄손익계산서 (단위: 백만 원)	기존 K-GAAP 기준 손익계산서 (단위: 백만 원)	

과 목		제22(당)기
VI. ⑤영업외수익		150,009
이자수익(주 5)	24,483	
배당금수익	3,458	
임대료	322	
외환차익	64,378	
외화환산이익	26,284	
대손충당금환입	1,171	
지분법이익(주 6)	15	
매도가능증권처분이익(주 5)	83	
파생상품거래이익	–	
유형자산처분이익	15,409	
기타비유동자산처분이익	2	
가맹점수입	608	
소송손실충당부채환입액	364	
잡이익(주 8)	13,426	
VII. 영업외비용		82,210
이자비용	3,993	
매출채권처분손실	267	
외환차손	11,796	
외화환산손실	1,337	
기타의대손상각비	1,275	
재고자산폐기손실	700	
매도가능증권손상차손(주 5)	–	
매도가능증권처분손실(주 5)	3	
파생상품거래손실	6,295	
파생상품평가손실(주 32)	2,698	
유형자산처분손실	3,123	
유형자산손상차손(주 9)	429	
무형자산손상차손(주 12)	–	
연초생산안정화기금충당부채전입액	–	
소송손실충당부채전입액	–	
기부금(주 29)	34,092	
전기오류수정손실(주 2)	–	
잡손실(주 25)	16,196	
VIII. 법인세비용차감전순이익		1,235,759
IX. 법인세비용(주 25)		346,404
X. ⑥당기순이익		889,354
지배회사지분순이익(주 35)	892,396	
소수주주지분순손실(주 35)	(3,041)	
XI. 주당손익		0
기본주당순이익(주 26)		0

손익계산서의 양식도 간략해졌다

독자 여러분은 (주)케이티앤지의 손익계산서 양식에서도 재무상태표에서와 동일한 특징을 발견할 수 있을 것입니다. 즉, 기존의 K-GAAP에 비해 K-IFRS에 의한 손익계산서는 매우 간단하다는 것입니다. 이는 재무제표의 표준 양식을 정하지 않고 최소한의 필요 계정과목만을 정하고 있는 K-IFRS의 특징에 기인합니다. 이로 인해 손익계산서에 표시되는 계정과목의 수가 대폭 감소한 대신 주석의 양이 증가한 것을 확인할 수 있습니다.

예를 들어 ①판매비와관리비를 보겠습니다.

K-IFRS 기준 연결포괄손익계산서 (단위: 백만 원)			기존 K-GAAP 기준 연결손익계산서 (단위: 백만 원)		
과목	주석	금액	과목	금액	
①판매비와관리비	24	(809,681)	IV. ①판매비와관리비(주 28, 29)		819,912
			급여(주 7)	228,530	
			퇴직급여(주 7)	36,609	
			복리후생비(주 8)	26,601	
			여비교통비	9,460	
			통신비	5,062	
			수도광열비	6,294	
			세금과공과	24,411	
			소모품비	4,980	
			피복비	211	
			임차료(주 8)	13,245	
			감가상각비	57,467	
			무형자산상각비	4,683	
			수선유지비	5,941	
			차량비	9,462	
			보험료	1,224	
			수수료	90,958	
			운반보관비	35,405	
			접대비	1,487	
			회의비	6,250	
			광고선전비	201,260	
			교육훈련비(주 8)	9,370	
			포상비	5,288	
			피해보상비	7	
			협력비	944	
			경상시험연구비(주 8)	16,680	
			개발비	5,180	
			수출경비	629	
			견본비	26	
			대손상각비	11,578	
			잡비	655	

Chapter

5

기존의 K-GAAP에서는 판매비와관리비의 상세한 계정과목을 손익계산서에 모두 표시했습니다. 그러나 K-IFRS에서는 판매비와관리비 총액만을 표시하고 상세내역은 주석 24를 참조하는 방식을 취하고 있습니다.

주석 24를 보면 판매비의 상세한 내역을 확인할 수 있습니다.

24. 영업이익

(4) 당기와 전기 중 판매비의 내역은 다음과 같습니다.

(단위: 백만 원)

구 분	제23(당)기	제22(전)기
급여	182,578	166,958
퇴직급여	15,194	20,084
복리후생비	20,478	22,169
여비교통비	6,906	6,438
통신비	2,420	2,281
수도광열비	4,827	4,667
세금과공과	14,904	22,126
소모품비	2,328	1,956
임차료	11,112	8,020
감가상각비	35,361	42,608
무형자산상각비	306	517
수선유지비	3,498	2,731
차량비	7,517	8,422
보험료	853	670
수수료	100,531	87,823
운반보관비	32,062	35,641
회의비	4,688	2,618
광고선전비	216,319	196,977
교육훈련비	1,208	2,333
포상비	551	852
경상시험연구비	5,402	6,563
합계	669,043	642,454

(5) 당기와 전기 중 관리비의 내역은 다음과 같습니다.

(단위: 백만 원)

구 분	제23(당)기	제22(전)기
급여	60,799	63,608
퇴직급여	11,663	1,068
복리후생비	6,985	4,760
여비교통비	2,431	3,146
통신비	2,715	2,811
수도광열비	1,788	1,627
세금과공과	2,523	2,287
소모품비	2,722	3,576
임차료	6,937	5,902
감가상각비	17,757	10,959
무형자산상각비	1,072	1,494
수선유지비	1,766	3,176
차량비	1,564	1,083
보험료	371	560
수수료	31,474	30,585
회의비	767	1,721
광고선전비	3,013	1,884
교육훈련비	6,274	7,200
포상비	1,118	4,435
경상시험연구비	14,943	15,345
합계	178,682	167,227

또한 'Chapter 4'의 'Section 2(K-IFRS에서의 포괄손익계산서)'에서 살펴보았듯이 ㈜케이티앤시는 K-IFRS에서 정한 최소한의 표시항목을 포함하여 필요한 계정과목을 추가하거나 중간합계를 표시하고 있는 것을 확인할 수 있습니다. 예를 들어 K-IFRS에서는 '수익'이라는 계정과목은 반드시 포괄손익계산서에 표시하도록 하고 있습니다. 여기에서 수익에는 재화의 판매 및 용역의 제공뿐만 아니라 이자수익 등 기타수익 등이 포함됨은 이미 'Chapter 4'에서 살펴보았습니다.

Chapter

5

기존의 영업외수익이 기타수익이나 금융수익으로 분류

(주)케이티앤지는 이러한 수익을 ②매출과 ③기타수익 및 ④금융수익으로 구분하여 표시하고 있음을 알 수 있습니다. K-IFRS에서는 영업이익 등의 개념이 없으므로 기존 K-GAAP에서의 ⑤영업외수익이 기타수익과 금융수익에 분산되어 포함되어 있습니다.

K-IFRS 기준 연결포괄손익계산서 (단위: 백만 원)			기존 K-GAAP 기준 연결손익계산서 (단위: 백만 원)		
과 목	주 석	금 액	과 목		제22(당)기
②매출	3, 28	3,312,319	Ⅰ. ②매출액(주 7, 8, 24, 31)		3,363,531
③기타수익	24	118,859	Ⅵ. ⑤영업외수익		150,009
④금융수익	25	21,251	이자수익(주 5)	24,483	
			배당금수익	3,458	
			임대료	322	
			외환차익	64,378	
			외화환산이익	26,284	
			대손충당금환입	1,171	
			지분법이익(주 6)	15	
			매도가능증권처분이익(주 5)	83	
			파생상품거래이익	–	
			유형자산처분이익	15,409	
			기타비유동자산처분이익	2	
			가맹점수입	608	
			소송손실충당부채환입액	364	
			잡이익(주 8)	13,426	

여기에서 ③기타수익과 ④금융수익의 내역을 알기 위해서는 관련 주석인 주석 24와 주석 25를 따라가 보아야 합니다. 기존 K-GAAP에서 ⑤영업외수익에 해당하는 부분이 ③기타수익과 ④금융수익으로 분류되어 표시된 것을 확인할 수 있습니다.

24. 영업이익

(3) 기타수익

당기와 전기 중 기타수익의 내역은 다음과 같습니다.

(단위: 백만 원)

구 분	제23(당)기	제22(전)기
외환차익	30,204	64,378
외화환산이익	1,184	26,933
매출채권및기타채권손상차손환입	46	1,315
유형자산처분이익	17,033	15,410
무형자산처분이익	–	3
기타영업수익	13,029	10,820
합계	61,496	118,859

25. 순금융원가(수익)

(1) 당기와 전기 중 당기손익으로 인식된 순금융원가(수익)의 내역은 다음과 같습니다.

(단위: 백만 원)

구 분	제23(당)기	제22(전)기
금융원가:		
이자비용	4,815	4,714
매도가능금융자산처분손실	–	4
파생상품거래손실	1,711	6,295
파생상품평가손실	–	2,699
금융원가 소계	6,526	13,712
금융수익:		
이자수익	(12,052)	(16,375)
배당금수익	(215)	(3,458)
장기예치금투자이익	(23)	(1,335)
매도가능금융자산처분이익	(563)	(4)
종속회사투자처분이익	–	(80)
금융수익 소계	(12,853)	(21,252)
순금융원가(수익)	(6,327)	(7,540)

총포괄손익까지 표시하는 포괄손익계산서

또한, 기존의 K-GAAP에서의 손익계산서가 최종적으로 ⑥당기순이익을 표시하는 것과 달리 K-IFRS에서의 손익계산서는 당기순이익에 기타포괄손익을 가감한 ⑦총포괄손익까지 표시하고 있는 것을 볼 수 있습니다. 여기에서 ⑧기타포괄손익은 아직 실현되지 않은 손익항목이지만 미래시점에 실현될 수 있는 손익항목입니다. 독자 여러분은 (주)케이티앤지가 ⑧기타포괄손익으로 계상하고 있는 계정과목을 보면 평가이익이나 해외사업장환산외환차이 등으로 미실현 손익이라는 것을 쉽게 알 수 있을 것입니다.

비용의 기능별 표시방식 채택

(주)케이티앤지는 'Chapter 4'의 'Section 2(K-IFRS에서의 포괄손익계산서)'에서 살펴본 비용의 표시방법 중에서 기능별 표시방법을 선택한 것을 알수 있습니다. 비용의 기능별 표시방식은 기존의 K-GAAP에서의 손익계산서양식과 같은 방식으로 비용을 표시하고 있습니다. 'Chapter 4'의 'Section 2'에서는 기업이 비용을 기능별로 표시할 때에는 반드시 성격별 비용도 주석을 통해 공시해야 한다고 했습니다. 그렇다면 (주)케이티앤지도 성격별 비용을 공시하고 있을까요?

2009년 연결감사보고서 주석 24를 살펴보았습니다. 종업원급여와 감가상각비 등의 성격별 비용에 대한 정보를 공시하고 있음을 알 수 있습니다.

24. 영업이익

(1) 종업원급여

당기와 전기 중 종업원급여의 내역은 다음과 같습니다.

(단위: 백만 원)

구 분	제23(당)기	제22(전)기
급여	408,924	397,954
퇴직급여원가	41,541	30,672
복리후생비	41,815	48,344
합계	492,280	476,970

(2) 감가상각비 및 무형자산상각비

당기와 전기 중 감가상각비 및 무형자산상각비의 내역은 다음과 같습니다.

(단위: 백만 원)

구 분	제 23(당) 기	제 22(전) 기
감가상각비	151,884	151,151
무형자산상각비	1,492	2,034
합계	153,376	153,185

자율적으로 영업손익 표시

'Chapter 4'의 'Section 2(K-IFRS에서의 포괄손익계산서)'에서 언급했듯이 K-IFRS에서는 영업손익에 대한 별도의 정의가 존재하지 않아 기업은 손익계산서에 영업손익을 반드시 표시할 의무는 없습니다. 그러나 다른 계정과목과 마찬가지로 기업은 자율적 판단하에 영업손익을 손익계산서에 표시할 수 있습니다. (주)케이티앤지도 ⑨영업이익을 손익계산서에 표시하고 있는 것을 알 수 있습니다.

이와 더불어 K-IFRS에서는 영업손익과 영업외손익을 구분하여 표시하라고 요구하지 않음으로써 (주)케이티앤지의 손익계산서에도 이를 구분하지 않고 있음을 볼 수 있습니다. 또한 (주)케이티앤지는 자율적으로 표시하고 있는 영업이익을 기존 K-GAAP에서의 산출방식과 동일하게 매출총이익에서 판매비와관리비를 차감하는 방식으로 산출하고 있습니다.

자체 분양공사에 대한 수익인식기준 변경으로 매출액 감소

K-GAAP에 의해 작성된 손익계산서의 매출액과 K-IFRS에 의해 작성된 포괄손익계산서의 ②매출액은 큰 차이를 보이고 있습니다. K-GAAP의 매출액에 비해 K-IFRS의 매출액은 약 512억 원가량 적습니다.

K-IFRS 기준 연결포괄손익계산서 (단위: 백만 원)			기존 K-GAAP 기준 연결손익계산서 (단위: 백만 원)		
과 목	주 석	금 액	과 목		금 액
②매출	3, 28	3,312,319	I. ②매출액(주 7, 8, 24, 31)		3,363,531

어떠한 이유로 이러한 차이가 발생하는지는 2009년 연결감사보고서의 주석 35를 살펴보겠습니다.

35. 한국채택국제회계기준으로의 전환
(4) 한국채택국제회계기준으로의 전환으로 인한 총포괄손익의 차이조정
최근 연차재무제표의 최종 기간인 2008년의 총포괄손익의 차이조정은 다음과 같습니다.

(단위: 백만 원)

과 목	과거 회계기준	계정 재분류	수익인식 기준 변경	연결 및 지분법 대상의 변동 등	기 타	한국채택 국제회계기준
참조	2008년	①②	③	⑦	⑧⑨⑩⑪⑫	2008년
매출	3,363,854	47	(51,843)	(233)	494	3,312,319

주석 35를 보면 매출액 차이의 가장 큰 원인은 K-IFRS 도입에 따른 수익인식기준의 변경임을 알 수 있습니다. 이것은 자체 아파트 분양공사에 대한 수익인식기준이 기존의 진행기준에서 완성기준으로 변경됨에 따른 영향입니다. 이러한 내용은 역시 주석 35에 기재되어 있습니다. 이 밖에도 기존 K-GAAP에서의 매출개념과 K-IFRS에서의 수익개념의 차이에서 오는 계정분류의 영향도 매출액 차이를 가져온 것으로 보입니다.

---

35. 한국채택국제회계기준으로의 전환

(2) 한국채택국제회계기준으로의 전환에 대한 설명
한국채택국제회계기준으로의 전환과 관련된 주요 조정사항은 다음과 같습니다.

③ 수익인식기준
과거회계기준에 따라 진행기준에 의하여 수익을 인식하였던 아파트 등 예약매출에 대하여 한국채택국제회계기준에 따라 재화의 소유에 따른 중요한 위험과 보상이 분양자에게 이전되는 인도시점에 수익을 인식하였습니다.

K-IFRS의 도입으로 ⑨영업이익은 699억 원 증가한 것으로 나타났습니다. 그러나 이를 좀 더 자세히 들여다보면 K-IFRS의 도입으로 실제 영업이익 증가분은 169억 원임을 알 수 있습니다.

K-IFRS 기준 연결포괄손익계산서 (단위; 백만 원)			기존 K-GAAP 기준 연결손익계산서 (단위; 백만 원)	
과 목	주 석	금 액	과 목	금 액
⑨영업이익	3	1,237,904	V. ⑨영업이익(주 31)	1,167,960

우선 2009년 연결감사보고서의 주석 35를 보면 K-GAAP에 의해 산출된 2008년 영업이익은 앞의 손익계산서에 표시된 금액(11,680억 원)이 아닌 12,210억 원으로 표시되어 있습니다.

35. 한국채택국제회계기준으로의 전환

(4) 한국채택국제회계기준으로의 전환으로 인한 총포괄손익의 차이조정

최근 연차재무제표의 최종 기간인 2008년의 총포괄손익의 차이조정은 다음과 같습니다.

(단위: 백만 원)

과 목	과거 회계기준	계정 재분류	수익인식 기준 변경	확정급여 부채	종업원 급여	연결 및 지분법 대상의 변동 등	기 타	한국채택 국제회계기준
참조	2008년	①②	③	④	⑤	⑦	⑧⑨⑩⑪⑫	2008년
영업이익	1,220,978	186	(23,026)	25,391	(4,238)	(1,565)	20,178	1,237,904

　　왜 이런 차이가 발생했을까요? 그 이유는 K-IFRS를 적용한 손익계산서의 영업이익 산출방식이 K-GAAP와 다르기 때문에 동일선상에서 비교하기 위해 K-GAAP에 의한 영업이익을 K-IFRS에서 적용한 산식으로 다시 산출한 것입니다. 즉, K-IFRS에 의한 영업이익에는 K-GAAP에서의 금융수익과 금융원가를 제외한 영업외수익과 영업외비용에 속한 모든 금액이 반영된 금액입니다.

　　여기에서 금융수익과 금융비용은 관련 주석인 주석 25에 상세한 내역이 제공되고 있습니다.

25. 순금융원가(수익)

(1) 당기와 전기 중 당기손익으로 인식된 순금융원가(수익)의 내역은 다음과 같습니다.

(단위: 백만 원)

구 분	제23(당)기	제22(전)기
금융원가:		
이자비용	4,815	4,714
매도가능금융자산처분손실	–	4
파생상품거래손실	1,711	6,295
파생상품평가손실	–	2,699
금융원가 소계	6,526	13,712
금융수익:		
이자수익	(12,052)	(16,375)
배당금수익	(215)	(3,458)
장기예치금투자이익	(23)	(1,335)
매도가능금융자산처분이익	(563)	(4)
종속회사투자처분이익	–	(80)
금융수익 소계	(12,853)	(21,252)
순금융원가(수익)	(6,327)	(7,540)

즉, 금융원가에는 이자비용뿐 아니라 파생상품거래손실 및 파생상품평가손실 등이 포함되어 있습니다. 따라서 기존의 K-GAAP에 의해 산출된 영업이익에 영업외손익에 해당하는 대부분 항목을 반영한 금액이 12,210억 원인 것입니다.

그렇다면 이제 기존의 K-GAAP에 의한 영업이익(12,210억 원)과 K-IFRS에 의한 영업이익(12,379억 원)은 왜 차이가 날까요? 앞에서 살펴본 주석 35를 보면 가장 큰 원인은 ㉠수익인식기준 변경으로 230억 원가량 감소했고 ㉡확정급여부채로 254억 원 증가했으며 ㉢기타 사유로 202억 원이 증가한 것입니다. 여기에서 그 내역의 파악이 가능한 ㉠수익인식기준 변경은 자체 분양공사에 대한 진행기준 불인정에 따라 기존에 인식한 영업이익이 감소한 것입니다. 또한 ㉡확정급여부채로 인한 영업이익의 증가는 퇴직급여비용의 산정방식 변경에 의한 것으로 추정됩니다.

2008년 연결감사보고서의 주석 17을 보면 기존의 K-GAAP에 의해 2008년 비용으로 계상된 퇴직급여 금액이 557억 원으로 나와 있습니다.

17. 퇴직급여충당부채

당기와 전기 중 연결회사의 퇴직급여충당부채 변동내역은 다음과 같습니다.

(단위: 백만 원)

구 분	제22(당)기	제21(전)기
기초잔액	219,494	208,923
퇴직급여지급액	(110,175)	(29,764)
퇴직급여충당부채 설정액	55,714	40,335
미가득주식 대체액	(2,295)	−
기말 잔액	162,738	219,494

반면, 2009년 연결감사보고서의 주석 22를 보면 K-IFRS에 의해 산정된 퇴직급여비용이 307억 원임을 알 수 있습니다.

22. 퇴직급여제도

(1) 당기와 전기 중 퇴직급여제도와 관련하여 인식된 손익은 다음과 같습니다.

(단위: 백만 원)

구 분	제23(당)기	제22(전)기
확정급여제도 :		
−당기근무원가	40,468	28,571
−이자원가	7,257	8,533
−사외적립자산의 기대수익	(6,270)	(6,432)
−청산으로 인한 손익	(279)	−
소계	41,176	30,672
확정기여제도 :		
당기비용 인식 기여금	365	−
합계	41,541	30,672

결국, 퇴직급여채무 산정방식이 기존의 청산 개념에서 예측급여 개념으로 변경되면서 비용으로 계상할 금액이 감소함으로써 영업이익이 증가하는 결과를 가져왔습니다.

이상으로 이번 Section에서는 K-GAAP와 K-IFRS에 의해 각각 작성된 (주)케이티앤지의 2008년 실제 재무제표를 대상으로 K-IFRS 도입에 따른 영향을 살펴보았습니다. 독자 여러분은 'Chapter 4'에서 살펴본 내용을 중심으로 이번 Section에서와 같은 방법을 적용하여 각자 관심 있는 기업의 재무제표를 분석할 수 있을 것입니다.

K-IFRS 관련 심화내용은 전문서적 참조

마지막으로 이 책은 K-IFRS의 전면적인 도입에 대비하여 일반 투자자가 K-IFRS의 특징을 이해하고 기업의 회계정보를 이용할 때 유의해야 할 사항을 전달하고자 하는 의도에서 집필되었습니다. 딱딱하고 전문적인 영역인 회계기준에 관한 내용을 가능한 한 일반 투자자가 쉽게 이해할 수 있도록 기본적인 개념 위주로 설명하였습니다. 따라서 이미 어느 정도 회계에 대한 지식을 가지고 있는 독자라면 이 책이 지나치게 기본개념에 치중되었다는 느낌이 들었을 것입니다.

K-IFRS에 대하여 이 책에서 다루지 않은 보다 상세한 내용을 알고자 하는 투자자는 시중에 나와 있는 다양한 전문서적을 참조한다면 이 책의 부족한 점을 보완할 수 있을 것으로 생각됩니다.

부록

한국채택국제회계기준과 국제회계기준의 구성

1. 기업회계기준서

기업회계기준서	국제회계기준서	최종 제·개정일
-재무제표의 작성과 표시를 위한 개념체계	-Framework for the preparation and presentation of financial statements	'07.12
제1001호 재무제표 표시	IAS 1 Presentation of financial statements	'09.06
제1002호 재고자산	IAS 2 Inventories	'07.12
제1007호 현금흐름표	IAS 7 Cash flow statements	'09.06
제1008호 회계정책, 회계추정의 변경 및 오류	IAS 8 Accounting policies, changes in accounting estimates and errors	'09.06
제1010호 보고기간후 사건	IAS 10 Events after the reporting period	'09.06
제1011호 건설계약	IAS 11 Construction contracts	'07.12
제1012호 법인세	IAS 12 Income taxes	'07.12
제1016호 유형자산	IAS 16 Property, plant and equipment	'07.12
제1017호 리스	IAS 17 Leases	'09.06
제1018호 수익	IAS 18 Revenue	'09.06
제1019호 종업원급여	IAS 19 Employee benefits	'07.12
제1020호 정부보조금의 회계처리와 정부지원의 공시	IAS 20 Accounting for government grants and disclosure of government assistance	'07.12
제1021호 환율변동효과	IAS 21 The effects of changes in foreign exchange rates	'07.12
제1023호 차입원가	IAS 23 Borrowing costs	'07.12
제1024호 특수관계자 공시	IAS 24 Related party disclosures	'07.12
제1026호 퇴직급여제도에 의한 회계처리와 보고	IAS 26 Accounting and reporting by retirement benefit plans	'07.12
제1027호 연결재무제표와 별도재무제표	IAS 27 Consolidated and separate financial statements	'08.11
제1028호 관계회사 투자	IAS 28 Investments in associates	'07.12

기업회계기준서	국제회계기준서	최종 제 · 개정일
제1029호 초인플레이션 경제에서의 재무보고	IAS 29 Financial reporting in hyperinflationary economies	'07.12
제1031호 조인트벤처 투자지분	IAS 31 Interests in joint ventures	'07.12
제1032호 금융상품: 표시	IAS 32 Financial instruments: presentation	'08.10
제1033호 주당이익	IAS 33 Earnings per share	'07.12
제1034호 중간재무보고	IAS 34 Interim financial reporting	'07.12
제1036호 자산손상	IAS 36 Impairment of assets	'09.06
제1037호 충당부채, 우발부채 및 우발자산	IAS 37 Provisions, contingent liabilities and contingent assets	'07.12
제1038호 무형자산	IAS 38 Intangible assets	'09.06
제1039호 금융상품: 인식과 측정	IAS 39 Financial instruments: recognition and measurement	'09.06
제1040호 투자부동산	IAS 40 Investment property	'07.12
제1041호 농림어업	IAS 41 Agriculture	'07.12
제1101호 한국채택국제회계기준의 최초 채택	IFRS 1 First-time adoption of international financial reporting standards	'08.12
제1102호 주식기준보상	IFRS 2 Share-based payment	'09.06
제1103호 사업결합	IFRS 3 Business combinations	'08.11
제1104호 보험계약	IFRS 4 Insurance contracts	'07.12
제1105호 매각예정비유동자산과 중단영업	IFRS 5 Non-current assets held for sale and discounted operations	'09.06
제1106호 광물자원의 탐사와 평가	IFRS 6 Exploration for and evaluation of mineral resources	'09.06
제1107호 금융상품: 공시	IFRS 7 Financial instruments: disclosures	'09.04
제1108호 영업부문	IFRS 8 Operating segments	'09.06
제1109호 금융상품	IFRS 9 Financial instruments	채택 예정

2. 기업회계기준해석서

기업회계기준해석서	국제회계기준해석서	최종 제·개정일
제2010호 정부지원: 영업활동과 특정한 관련이 없는 경우	SIC 10 Government assistance-No specific relation to operating activities	'07.12
제2012호 연결: 특수목적기업	SIC 12 Consolidation-Special purpose entities	'07.12
제2013호 공동지배회사: 참여자의 비화폐성 출자	SIC 13 Jointly controlled entities-Non monetary contributions by ventures	'07.12
제2015호 운용리스: 인센티브	SIC 15 Operating leases-incentives	'07.12
제2021호 법인세: 재평가된 비상각자산의 회수	SIC 21 Income taxes-Recovery of revalued non-depreciable assets	'07.12
제2025호 법인세: 기업이나 주주의 납세지위 변동	SIC 25 Income taxes-change in the tax status of an entity or its shareholders	'07.12
제2027호 법적 형식상의 리스를 포함하는 거래의 실질에 대한 평가	SIC 27 Evaluating the substance of transactions involving the legal form of a lease	'07.12
제2029호 민간투자사업의 공시	SIC 29 Service concession arrangements: Disclosures	'07.12
제2031호 수익: 광고용역의 교환거래	SIC 31 Revenue-barter transactions involving advertising services	'07.12
제2032호 무형자산: 웹사이트 원가	SIC 32 Intangible assets-web site costs	'07.12
제2101호 사후처리 및 복구관련 충당부채의 변경	IFRIC 1 Changes in existing decommissioning, restoration and similar liabilities	'07.12
제2102호 조합원 지분과 유사지분	IFRIC 2 Members' shares in co-operative entities and similar instruments	'07.12
제2104호 약정에 리스가 포함되어 있는지의 결정	IFRIC 4 Determining whether an arrangement contains a lease	'07.12
제2105호 사후처리, 복구 및 환경정화를 위한 기금의 지분에 대한 권리	IFRIC 5 Rights to interests arising from decommissioning, restoration and environmental rehabilitation funds	'07.12

기업회계기준해석서	국제회계기준해석서	최종 제·개정일
제2106호 특정 시장에 참여함에 따라 발생하는 부채: 폐전기, 전자제품	IFRIC 6 Liabilities arising from participating in a specific market-waste electrical and electronic equipment	'07.12
제2107호 기업회계기준서 제1029호 '초인플레이션 경제에서의 재무보고'에 따른 재작성 방법용	IFRIC 7 Applying the restatement approach under IAS 29	'09.06
제2109호 내재파생상품의 재검토	IFRIC 9 Reassessment of embedded derivatives	'09.06
제2110호 중간재무보고와 손상	IFRIC 10 Interim financial reporting and impairment	'07.12
제2112호 민간투자사업	IFRIC 12 Service concession arrangements	'07.12
제2113호 고객충성제도	IFRIC 13 Customer loyalty programmes	'08.09
제2114호 기업회계기준서 제1019호: 확정급여자산한도, 최소적립요건 및 그 상호작용	IFRIC 14 IAS 19-The limit on a defined benefit asset, minimum funding requirements and their interaction	'08.09
제2115호 부동산 건설약정	IFRIC 15 Agreements for the construction of real estate	'08.12
제2116호 해외사업장 순투자의 위험회피	IFRIC 16 Hedges of a net investment	'09.06
제2117호 소유주에 대한 비현금자산의 분배	IFRIC 17 Distributions of Non-cash Assets to Owners	'09.06
제2118호 고객으로부터의 자산이전	IFRIC 18 Transfers of Assets from Customers	'09.06
제2119호 지분상품에 의한 금융부채 상환	IFRIC 19 Extinguishing financial liabilities with equity instruments	채택

* 국제회계기준의 이해와 도입준비(금융감독원 회계제도실, 2009.12) 참조

간주원가

특정일자의 원가나 감가상각후 원가에 대한 대용치로 사용되는 금액

감가상각

자산의 감가상각대상금액(또는 상각대상금액)을 그 자산의 내용연수 동안 체계적으로 배분하는 것

개념체계

회계에 관한 현상의 기본이 되고 있거나 그 현상들을 지배하고 있는 규칙 또는 원칙을 체계화한 것을 말한다. 재무회계 개념체계는 재무회계의 목적, 재무제표의 기본가정, 재무제표의 질적 특성 및 재무제표의 요소로 구성되어 있다.

개별재무제표

종속회사를 포함한 연결실체의 재무제표가 아닌 지배회사만의 개별적인 재무제표를 말한다.

개시재무상태표

한국채택국제회계기준 전환일의 재무상태표

건설계약

교량, 건물, 댐, 파이프라인, 도로, 정제시설, 기계장치, 선박 또는 터널과 같은 자산을 건설하기 위하여 구체적으로 협의된 계약

계속기업

기업실체는 목적과 의무를 이행하기에 충분할 정도로 장기간 존속한다고 가정하는 것을 의미한다.

공정가치

합리적인 판단력과 거래의사가 있는 독립된 당사자 사이의 거래에서 자산이 교환되거나 부채가 결제될 수 있는 금액

관계회사

파트너십과 같이 법인격이 없는 실체를 포함한 기업으로서, 투자자가 당해 기업에 대하여 중대한 영향력을 행사할 수 있는 기업. 관계회사는 종속회사가 아니며 조인트벤처 투자지분도 아니다.

구조조정

경영자의 계획과 통제에 따라 사업의 범위 또는 사업수행방식을 중요하게 변화시키는 일련의 절차

규정주의

규칙주의라고도 하는데 회계기준의 실무

상 적용 혼란을 미연에 방지하기 위하여 가능한 한 많은 경우의 수를 상정하여 이에 대한 구체적인 회계처리기준을 제정하고, 필요한 경우 적용사례나 계량적인 기준을 제시하는 접근방법

금융리스
리스자산의 소유에 따른 실질적으로 모든 위험과 보상이 리스이용자에게 이전되는 리스. 법적소유권은 이전될 수도 있고 이전되지 않을 수도 있다.

금융부채
금융부채란 다음의 부채를 말한다.
(1) 다음 중 하나에 해당하는 계약상 의무
 (가) 거래상대방에게 현금 등 금융자산을 인도하기로 한 계약상 의무
 (나) 잠재적으로 불리한 조건으로 거래상대방과 금융자산이나 금융부채를 교환하기로 한 계약상 의무
(2) 기업 자신의 지분상품(이하 '자기지분상품'이라 한다)으로 결제하거나 결제할 수 있는 다음 중 하나의 계약
 (가) 인도할 자기지분상품의 수량이 확정되지 않은 비파생상품
 (나) 확정 수량의 자기지분상품에 대하여 확정 금액의 현금 등 금융자산을 교환하여 결제하는 방법이 아닌 방법으로 결제되거나 결제될 수 있는 파생상품. 이 경우에 자기지분상

품을 미래에 수취하거나 인도하기 위한 계약 자체는 자기지분상품에 해당하지 않는다.

금융상품
거래상대자 일방에게 금융자산을 발생시키고 동시에 다른 거래상대방에게 금융부채나 지분상품을 발생시키는 모든 계약

금융자산
금융자산이란 다음의 자산을 말한다.
(1) 현금
(2) 다른 기업의 지분상품
(3) 다음 중 하나에 해당하는 계약상 권리
 (가) 거래상대방에게서 현금 등 금융자산을 수취할 계약상 권리
 (나) 잠재적으로 유리한 조건으로 거래상대방과 금융자산이나 금융부채를 교환하기로 한 계약상 권리
(4) 자기지분상품으로 결제하거나 결제할 수 있는 다음 중 하나의 계약
 (가) 수취할 자기자본상품의 수량이 확정되지 않은 비파생상품
 (나) 확정 수량의 자기지분상품에 대하여 확정 금액의 현금 등 금융자산을 교환하여 결제하는 방법이 아닌 방법으로 결제되거나 결제될 수 있는 파생상품. 이 경우에 자기지분상품을 미래에 수취하거나 인도하기

위한 계약 자체는 자기지분상품에 해당하지 않는다.

기능통화
영업활동이 이루어지는 주된 경제 환경의 통화

기타포괄손익
자산과 부채의 미실현평가손익을 당기손익에 반영하지 않고 자본에 별도의 항목으로 잠정적으로 분류했다가 나중에 당기손익으로 재분류하거나 이익잉여금에 직접 반영될 예정인 항목을 말한다.

내부거래
계열사끼리 물건을 사주거나 인력을 지원하는 등의 그룹 내 거래행위를 통틀어 일컫는 말

내부회계관리제도
회사의 재무제표가 일반적으로 인정되는 회계처리기준에 따라 작성, 공시되었는지에 대한 합리적 확신을 제공하기 위해 설계, 운영되는 내부통제제도 일부분으로서 회사의 이사회, 경영진 등 모든 조직구성원에 의해 지속적으로 실행되는

과정을 의미한다. 재무제표의 신뢰성 확보를 목적으로 하며, 여기에는 자산의 보호 및 부정방지 프로그램이 포함된다. 또한, 운영목적이나 법규준수목적과 관련된 통제절차가 재무제표의 신뢰성 확보와 관련된 경우 해당 통제절차는 내부회계관리제도의 범위에 포함된다. 내부회계관리제도는 5가지 구성요소(통제환경, 위험평가, 통제활동, 정보 및 의사소통, 모니터링)를 모두 고려하여 설계하고, 이사회, 경영진, 감사(위원회) 및 중간관리자와 일반직원에 이르기까지 조직 내 모든 구성원에 의해 운영된다.

내용연수
기업에서 자산이 사용 가능할 것으로 기대되는 기간 또는 자산에서 얻을 것으로 예상되는 생산량이나 이와 유사한 단위 수량

누적유급휴가
당기에 사용되지 않은 경우 이월되어 차기 이후에 사용될 수 있는 유급휴가

대손상각비
재무상태표에 계상하는 외상매출금이나

받을어음 등 수취채권의 기말잔액은 회수될 금액을 정확히 나타내는 것이 아니므로 그 회수 가능성을 검토할 필요가 있다. 거래처의 파산, 행방불명, 사망 및 재해 등으로 인하여 회수가 불가능한 채권을 대손이라고 하는데 이로 인한 손실을 대손상각비로 회계처리 한다.

대손충당금

외상매출금, 받을어음 등의 매출채권 중 기말까지 미회수액으로 남아 있는 금액에서 회수 불가능할 것으로 추정되는 금액을 비용으로 처리하기 위해 설정하는 계정. 이 계정의 목적은 당해 기간 손익계산에 적정을 기하고, 보유 채권의 평가를 적정하게 하며 장래 발생할 것으로 예상되는 대손에 대비해 기업재정의 안정을 유지하는 데 있다.

라이선스

특정 기술이나 지식을 일정 기간 이용하기로 한 것을 말하며, 보통 기계장치 등의 구입에 부수하여 구입하는 것이 일반적이다.

매도가능금융자산

매도가능항목으로 지정한 비파생금융자산 또는 다음으로 분류되지 않는 비파생금융자산을 말한다.
(1) 대여금 수취채권
(2) 만기보유금융자산
(3) 당기손익인식금융자산

매수법

기업합병이 매수로 구분되면 취득회사는 피취득회사의 자산을 공정한 시가로 평가하여 회계처리 하는데 이를 매수법 회계라 한다. 합병 대가가 자산의 공정한 시가를 초과하면 그 초과액을 영업권(goodwill)으로 계상한다.

무형자산

불리석 실제는 없지만 식별 가능한 비화폐성 자산

미실현이익

자산의 취득원가와 비교하여, 자산을 계속 보유함으로써 점점 시장가치가 증가하는데 이에 따른 자산가치의 증가분을 평가익 또는 장부상이익이라 한다.

발생손실개념

손상이 발생했다는 객관적 증거가 있을 때 이를 손상차손 또는 대손상각비로 인식하는 접근방법이다. 이 방법은 미래에 손상이 발생할 가능성이 있다고 하여 아직 발생하지 않은 비용을 인식할 수 없다는 입장에 근거하고 있다.

보험계리인

보험업을 유지, 발전시키기 위해 새로운 보험상품을 만들고 사업의 결산을 수리적으로 분석하는 전문직업. 즉, 보험회사가 책정하는 보험료가 적당한 것인지, 계약에 대한 대출금은 정당한 것인지를 확인하고 확률과 엄밀한 수리계산을 통해 각종 보험상품을 만드는 일을 한다.

보험수리적 방법

퇴직급여의 궁극적인 원가를 결정하는 인구통계적, 재무적 변수들에 대한 최선의 추정을 반영하여 퇴직급여를 산출하는 방법

부채

과거사건에 의하여 발생하였으며 경제적 효용이 내재된 자원이 기업으로부터 유출됨으로써 이행될 것으로 기대되는 현재 의무

부채비율

부채를 자기자본으로 나눈 비율

비교 가능성

유사한 거래나 사건의 재무적 영향을 측정, 보고함에 기간별 일관성이 있어야 하며, 경영활동의 특성을 훼손시키지 않는 범위 내에서 기업 간에도 동일한 방법을 사용하면 비교 가능성이 제고된다.

비유동성

상당한 가격변동 없이 단기간에 구입 혹은 처분이 어려운 자산의 성질

비유동자산

유동자산의 정의를 충족하지 못하는 자산

비한정내용연수

무형자산이 한정할 수 없는 기간 동안 현금흐름을 창출할 수 있을 것으로 기대된다면 이는 비한정내용연수를 가지는 무형자산이 된다.

비화폐성 자산

현금, 예금, 외상매출금, 받을어음 등의 화폐성 자산이 아닌 재고자산과 장비,

건물, 토지 등 실물고정자산을 의미한다.

사업결합

별개의 기업들 또는 사업들을 하나의 보고기업으로 통합하는 것

산업재산권

각종 산업활동에 의해 발명된 진보성 있는 기술에 대한 권리이다. 특허권, 실용신안권, 의장권, 상표권으로 구분되며 이들을 통상 '특허'라고 한다.

상표권

상품을 생산, 제조, 가공 또는 판매하는 자가 자기의 상품을 다른 업자의 상품과 식별코자 그 상품에 대해 사용 표시하는 기호나 문자, 도형 등을 상표라 하는데 생산지 또는 상인이 그 상표를 특허청에 출원해 등록함으로써 부여받는 전용권을 상표권이라 한다. 전용기간은 설정의 등록일로부터 10년이며, 기간 만료 후 10년씩 더 갱신할 수 있다.

상환우선주

우선주의 일종으로서 발행자가 의무적으로 확정금액을 상환해야 하거나 보유자가 상환을 청구할 수 있는 특성이 있는 경우 이를 자본으로 분류하지 않고 부채로 분류해야 한다.

선수금

거래처로부터 주문받은 상품 또는 제품을 인도하거나 공사를 완성하기 이전에 그 대가의 일부 또는 전부를 수취한 금액을 말하는데, 수주공사 또는 수주품의 거래 및 기타의 일반적 상거래에서 발생한 판매대금의 선수액을 말한다. 선수금은 현금으로 반제되는 부채가 아니라 물품 또는 용역을 인도함으로써 그 채무가 소멸된다.

선입선출법

먼저 매입 또는 생산된 재고자산이 먼저 판매되고 결과적으로 기말에 재고로 남아 있는 항목은 가장 최근에 매입 또는 생산된 항목이라고 가정하는 방법이다.

소급적용

새로운 회계정책을 처음부터 적용한 것처럼 거래, 기타 사건 및 상황에 적용하는 것을 말한다.

손상

자산의 장부금액이 회수가능액을 초과한 상태

식별 가능

특정자산이 다른 자산과 분리 또는 분할할 수 있고 개별적으로 처분할 수 있는 것을 의미한다.

역사적 원가

자산은 취득한 대가로 취득 당시에 지급한 현금 또는 현금성 자산이나 그 밖의 대가의 공정가치로 기록하고, 부채는 부담하는 의무의 대가로 수취한 금액으로 기록한다. 이러한 경우의 기록된 금액을 역사적 원가라고 한다.

연결대상

연결재무제표 작성에서 연결범위에 포함되는 종속회사를 지칭한다.

연결범위

연결재무제표 작성을 위하여 연결실체에 포함해야 할 종속회사의 범위를 의미한다. 지분율 기준(50% 의결권주식의 과반수 소유)과 실질지배력 기준(지분율이 50% 이하이더라도 실질적으로 당해 회사를 지배하면 종속회사에 포함함)에 의하여 연결범위가 확정된다.

연결재무제표

단일 경제적 실체의 재무제표로 표시되는 연결실체의 재무제표

영업권

개별적으로 식별하여 별도로 인식하는 것이 불가능한 자산에서 발생하는 미래 경제적 효용을 의미한다.

영업손익

매출액에서 매출원가와 판매관리비를 차감한 것을 영업이익이라고 한다.

예측급여 개념

예측단위적립법이라는 보험수리적 평가기법으로서, 종업원이 제공한 근무용역과 근무기간을 고려하여 근로자에 대한 퇴직급여지급의무가 근무기간마다 추가로 발생한다고 보고 확정급여채무와 당기근무원가를 산출하는 개념을 의미한다.

완성기준

장기공사계약에서 수익·비용 인식기준으로서 공사가 완성되는 시점에서 공사에 따른 수익과 비용을 인식하는 것이다. 즉, 공사가 진행되는 과정에서 중도금을 수령한 경우에도 공사수익이나 공사비용, 공사총이익 등의 인식을 하지 않는다. 공사가 진행되는 동안에는 실제의 발생 원가를 미완성공사계정에 기록

하여 공사가 완성되는 시점에서 공사계약금액에서 미완성공사금액을 차감하여 이익을 계산한다.

외화환산손실
보고기간 말에 외화표시 자산 혹은 부채를 기능통화로 환산 시 발생하는 손실

운용리스
금융리스 이외의 리스

원칙주의
거래의 경제적 실질을 반영하기 위하여 회계기준이 채택한 정신 또는 원칙을 중시하는 접근법

위험회피 효과
회피대상위험으로 인한 위험회피대상항목의 공정가치나 현금흐름의 변동이 위험회피수단의 공정가치나 현금흐름의 변동으로 상쇄되는 정도를 의미한다.

유가증권
일반적으로 유가물 내지 재산권적인 것이 증권화되어 있는 것을 의미한다.

유동성
단기간, 즉 1년 이내에 현금화가 가능한 자산의 보유상태를 의미한다.

유동자산
자산은 다음의 경우에 유동자산으로 분류한다.
(1) 기업의 정상영업주기 내에 실현될 것으로 예상하거나, 정상영업주기 내에 판매하거나 소비할 의도가 있다.
(2) 주로 단기매매 목적으로 보유하고 있다.
(3) 보고기간 후 12개월 이내에 실현될 것으로 예상한다.
(4) 현금이나 현금성 자산으로서, 교환이나 부채 상환 목적으로의 사용에 대한 제한 기간이 보고기간 후 12개월 이상이 아니다.

유동화전문회사
금융기관에서 발생한 부실채권을 매각하기 위해 일시적으로 설립되는 특수목적(Special Purpose)회사. 채권 매각과 원리금 상환이 끝나면 자동으로 없어지는 일종의 페이퍼컴퍼니이다.

유형자산
재화나 용역의 생산이나 제공, 타인에 대한 임대 또는 관리활동에 사용할 목적으로 보유하는 물리적 형태가 있는 자산으로서 한 회계 기간을 초과하여 사용할 것이 예상되는 자산

의결권주식

주주는 의결권주식을 보유함에 의하여 주주총회에 출석하여 결의에 참가할 수 있는 권리를 가지며, 주주는 의결권을 행사함으로써 경영에 참가하게 된다.

이익잉여금

유보이익이라고도 부르는데, 기업의 이익창출활동에 의해 획득된 이익 중 배당으로 사외에 유출되거나 자본전입(자본으로 대체)되지 않고 사내에 유보된 부분을 말한다.

인도기준

완성기준과 동일한 의미

자본화

차입원가를 자산 원가의 일부로 인식하는 것을 의미한다.

자산

과거 사건의 결과로 기업이 통제하고 있고 미래 경제적 효익이 유입될 것으로 기대되는 자원

자산손상

물리적 마모, 기능 저하, 새로운 기술의 발달 등으로 보유하고 있는 자산의 가치가 하락했을 때, 자산의 회수가능액이 장부금액에 미달하는 경우를 의미한다.

자산유동화

미수금(매출채권), 금융기관 대출금, 부동산 등 여러 형태의 자산을 담보로 채권을 발행해 자금을 조달하고 유동성을 확보하는 것을 뜻한다.

자산재평가

물가 상승으로 인해 기업 자산의 현실적 가액이 장부가액과 현저한 차이를 보일 때 그 자산을 재평가하는 것을 말한다.

재무상태

재무상태표에 보고된 기업의 자산, 부채, 자본의 관계를 뜻한다.

정률법

매년 감가하는 자산의 잔존가격에 일정률을 곱하여 매년의 감가상각액을 계산하는 방법이다.

정액법

감가상각방법의 하나로 직선법, 직선식 상각법, 균등상각법이라고도 한다. 정액법은 고정자산의 내용연수 기간 중 매기

동일액을 상각해 가는 방법이며, 이 방법에 의한 상각을 정액상각이라고 한다.

저작권

특정 저작(영화, 음반, 소프트웨어, 서적 등)을 일정 기간 독점적으로 사용할 수 있는 권리를 의미한다.

전진적용

회계정책 변경과 회계추정 변경 효과 인식의 전진적용은 각각 다음을 말한다.

(1) 회계정책 변경의 전진적용: 새로운 회계정책을 변경일 이후에 발생하는 거래, 기타 사건 및 상황에 적용하는 것

(2) 회계추정 변경 효과 인식의 전진적용: 회계추정의 변경 효과를 당기 및 그 후의 회계 기간에 인식하는 것

전환일

국제회계기준으로 전환 시 개시재무상태표의 작성일을 의미한다. 2011 사업연도에 국제회계기준을 채택하는 경우 2010 사업연도 초가 전환일이 된다.

전환조정

기업회계기준과 국제회계기준과의 차이, 즉 전환조정 내역을 재무제표의 주석에 나타낸다. 두 회계기준의 차이로 인한 자산, 부채, 자본 및 당기순이익 등의 차이를 조정하는 것을 말한다.

조인트벤처

둘 이상의 당사자가 공동지배의 대상이 되는 경제활동을 수행하기 위해 만든 계약상 합의

종속회사

다른 기업(지배회사)의 지배를 받고 있는 기업. 파트너십과 같은 법인격이 없는 실체를 포함한다.

주석

재무상태표, 포괄손익계산서, 자본변동표 및 현금흐름표에 표시하는 정보에 추가하여 제공되는 정보. 주석은 재무제표에 표시된 항목을 구체적으로 설명하거나 세분화하며, 재무제표 인식요건을 충족하지 못하는 항목에 대한 정보를 제공한다.

주식인수

기업의 지배권 행사에 충분한 지분을 취득하는 것

지배구조

기업 경영의 통제에 관한 시스템으로 기업경영에 직·간접적으로 참여하는 주주, 경영진, 근로자 등 이해 집단 간의 이해관계를 조정하고 규율하는 제도적 장치와 운영메커니즘을 말한다.

지배회사

하나 이상의 종속회사를 가지고 있는 기업

지분법

투자자산을 최초에 원가로 인식하고, 취득시점 이후 발생한 피투자자의 순자산 변동액 중 투자자의 지분을 해당 투자자산에 가감하여 보고하는 회계처리방법. 투자자의 당기순손익은 피투자자의 당기순손익 중 투자자의 지분에 해당하는 금액을 포함한다.

지분증권(상품)

기업의 자산에서 모든 부채를 차감한 후의 잔여지분을 나타내는 계약을 의미한다.

지분통합법

합병 당사회사의 합병 전 소유주(즉, 주주)지분의 전부 또는 실질적 전부가 합병 후의 회사에 그대로 계속되는 경우의 합병을 지분통합합병이라 한다. 즉, 주식교환에 의한 합병에서처럼 합병 전의 소유지분이 계속된다. 두 회사의 규모가 거의 같고, 기업활동이 유사하며, 경영지배권이 계속되어야 하는 등의 기준이 지분통합합병의 조건에 추가되기도 한다. 기업합병이 지분통합합병으로 인정되면 지분통합법에 의한 회계처리를 하게 되

는데 이 경우 원칙적으로 당사 회사들의 재무상태표가 항목별로 합산된다.

진행기준

계약의 진행률을 기준으로 수익과 비용을 인식하는 방법. 이 방법에 따르면 계약수익은 특정 진행률에 도달하기까지 발생한 계약원가에 대응되며, 그 결과로 공사진행도에 비례하여 수익, 비용 및 이익이 보고된다.

집단소송제

다수 증권투자자들의 경우에서 분식회계, 부실감사, 허위공시, 주가조작, 내부자거래, 신탁재산 불법운용 등의 각종 불법행위로 인하여 그 재산권을 침해받았을 때 집단을 대표하는 대표당사자가 나와서 소송을 수행하고 판결의 효력이 일정한 피해자 집단 전체에 미치도록 하는 제도

청산가치

회사가 영업을 중지하고 청산하려 할 때 소유하고 있는 부동산, 집기 등 회사 보유 자산의 추정가치를 의미한다.

총포괄손익

거래나 그 밖의 사건으로 인한 기간 중 자본의 변동(소유주로서의 자격을 행사하는 소유주와의 거래로 인한 자본의 변동 제외)금액으로서 포괄손익계산서의 최종적인 금액이다.

취득원가

역사적 원가를 의미한다.

퇴직급여채무

종업원 퇴직 시 지급하는 퇴직금으로 쓰기 위한 법인의 부채로서 재무상태표에 포함된다.

투자부동산

임대수익이나 시세 차익 또는 두 가지 모두를 얻기 위하여 소유지나 금융리스의 이용자가 보유하고 있는 부동산[토지, 건물(또는 건물의 일부분) 또는 두 가지 모두]. 다만, 다음의 목적으로 보유하는 부동산은 제외한다.
(가) 재화의 생산이나 용역의 제공 또는 관리목적에 사용
(나) 정상적인 영업과정에서의 판매

투자주식

다른 회사의 주식을 장기간 투자목적으로 보유하고 있는 주식

특수목적회사

금융기관에서 발생한 부실 채권을 매각하기 위해 일시적으로 설립하는 일종의 페이퍼컴퍼니로서, 채권 매각과 원리금 상환이 주요 업무이며 부실채권 처리 업무가 끝나면 자동으로 사라지게 된다.

파생금융상품

일반적으로 이자율, 주가, 상품가격, 환율, 각종 지수 등 기초자산의 가격에 의해 그 가치가 파생되는 금융상품을 말한다. 대표적인 파생상품에는 선도계약, 선물거래, 스와프 및 옵션 등이 있다.

평가이익

미실현이익으로 불리는 것으로, 자산의 취득원가와 비교하여 자산을 계속 보유함으로써 점점 시장가치가 증가하는데 이에 따른 자산가치의 증가분을 평가이익 또는 장부상이익이라 한다.

포괄손익계산서

기업회계기준하에서의 손익계산서가 국제회계기준하에서 기타포괄손익을 추가하여 포괄손익계산서로 변경됨

표시통화

기능통화와는 별도로 기업은 법령이나 필요에 따라 어떤 화폐단위로도 재무제표를 작성할 수 있으며, 이때 사용되는 화폐단위를 말한다.

표준원가제도

제품(및 재공품)원가를 측정함에 있어 기업이 제품원가 구성요소별로 설정한 표준에 근거하는 방법이다. 내부관리 목적상 사전에 객관적이고 합리적인 방법에 의하여 산정한 표준을 설정한 다음 이를 이용하여 제조원가를 측정하고 실제원가와의 차이를 분석하여 추후의 경영개선을 도모하는 제도이다.

프랜차이즈

특정상품이나 용역 등을 일정한 지리적 관할권 내에서 독점적으로 사용하여 영업할 수 있는 권리를 의미한다. 맥도널드, 버거킹, KFC 등이 대표적인 프랜차이즈 업체이다.

한국채택국제회계기준

한국회계기준원의 회계기준위원회가 국제회계기준에 따라 제정한 회계기준으로 다음과 같이 구성된다.
(1) 기업회계기준서
(2) 기업회계기준해석서

한국회계기준원

IMF 외환위기 후 1999년 9월에 민간주도의 독립회계기준제정기구로 설립되었다. 한국회계기준원이 설립되기 전에는 정부부문(재무부, 금융감독위원회 등) 주도로 회계기준이 제정되었다. 한국회계기준원이 국제회계기준을 전면 채택하기로 함에 따라 국제회계기준의 번역, 비상장법인회계기준의 제정, 국제회계기준위원회에 대한 의견제출 등을 주요 업무로 하고 있다.

현금성자산

유동성이 매우 높은 단기 투자자산으로서, 확정된 금액의 현금으로 전환이 용이하고 가치변동의 위험이 중요하지 않은 자산을 말한다.

현금흐름

현금 및 현금성자산의 유입과 유출

활성시장

다음의 조건을 충족하는 시장
(1) 거래되는 항목이 동질적이다.
(2) 일반적으로 거래의사가 있는 구매자
들과 판매자들을 언제든지 찾을 수
있다.
(3) 가격이 공개되어 이용 가능하다.

회계불일치

서로 다른 기준으로 자산이나 부채를 측
정하거나 그에 따른 손익을 인식함으로
써 발생할 수 있는 인식이나 측정상의
불일치를 말한다.

후입선출법

재고자산 평가방법의 한 가지. 나중에
사들인 상품 또는 원재료로 만든 물품부
터 팔렸다고 보고 남은 상품, 원재료를
기말 재고자산으로 평가한다. 인플레이
션 시대에 자산내용을 건실하게 하는 방
법이다.

흡수합병

합병당사회사 중에서 한 회사가 존속하
고 다른 회사는 해산하여 그 사원 및 재
산이 존속회사에 포괄적으로 승계되는
합병을 말한다.

Enron사태

2001년 말에 미국 내 매출액 기준 7위
인 엔론사는 조직적인 회계부정(분식회
계)으로 파산하였다. 당시 미국역사상
가장 규모가 큰 파산이었으며 회계감사
를 담당했던 아더 앤더슨도 파산하였다.
이때부터 엔론은 기업 사기와 부패의
상징이 되었다.

World Bank

1944년 7월 브레턴 우즈 협정에 기초해
1946년 6월에 발족한 국제금융기관을
말한다. 정식 명칭은 국제부흥개발은행
(IBRD: International Bank for
Reconstruction and Development)이
다. 제2차 세계대전 후 각국의 전재 복구
와 개발을 위해 설립된 기관이었으나 현
재는 주로 개발도상국의 공업화를 위해
융자를 하고 있다.

- 대표 집필자: 손평식

  고려대학교 경영학과를 졸업하고 University of North Texas에서 회계학 석사와 박사학위를 취득
  하였다. 한국거래소 근무경력이 있으며 현재 세명대학교 회계학과 교수로 재직 중이다. 〈국제회계
  기준 ED48(금융상품)과 기업회계기준의 비교(1996.7)〉 외 다수의 논문이 있다.

- 한국거래소 집필자

  김도연, 박태일, 민광훈, 진동화, 김기중, 이임재

투자자와 함께 읽는
국제회계기준[IFRS]

초판 2쇄 인쇄 2011년 10월 05일
초판 2쇄 발행 2011년 10월 07일

지은이 | 한국거래소
펴낸이 | 손형국
펴낸곳 | (주)에세이퍼블리싱
출판등록 | 2004. 12. 1(제315-2008-022호)
주소 | 서울특별시 강서구 방화3동 316-3 한국계량계측회관 102호
홈페이지 | www.book.co.kr
전화번호 | (02)3159-9638~40
팩스 | (02)3159-9637

ISBN 978-89-6023-535-9 03320